GLOSARIO

DE

NOMBRES

BIBLICOS

Por
JACK ENLOW

CASA BAUTISTA DE PUBLICACIONES

CASA BAUTISTA DE PUBLICACIONES

Apartado Postal 4255, El Paso, TX 79914, EE. UU. de A.

www.casabautista.org

Ediciones: 1974, 1976, 1979, 1981, 1984, 1986, 1989, 1991, 1992, 1994, 1995, 1996, 1997, 1998, 1999, 2000, 2001, 2002, 2003, 2005
Vigesimaprimera edición: 2006

Clasificación Decimal Dewey: 220.3

Temas: 1. Nombres bíblicos
2. Biblia - Diccionarios

ISBN: 0-311-03655-4
C.B.P. Art. No. 03655

10 M 7 06

Impreso en Colombia
Printed in Colombia

INTRODUCCION

Creemos que este *Glosario de Nombres Bíblicos* será de gran valor para los hermanos de habla española. El Compendio de más de 2.300 nombres bíblicos es el resultado de una investigación concienzuda, y es una compilación del material dado en los mejores libros de referencia.[1]

Ofrecemos las siguientes palabras de explicación, con algunos ejemplos, para el mejor entendimiento por parte de los lectores:

1. EL SIGNIFICADO DEL NOMBRE BIBLICO. Los nombres bíblicos usualmente tienen significado especial en el idioma original, y revelan algo del carácter, naturaleza, vida o ministerio de los personajes bíblicos. Por ejemplo, el nombre Jacob significa "suplantador", que es una revelación de su naturaleza. Pero después de haber luchado con el ángel de Dios, el nombre de Jacob fue cambiado, y él recibió el nombre de Israel, que significa "reinará con Dios; el que lucha con Dios; Dios lucha; soldado de Dios", y que revela el cambio operado en su vida.

Los nombres de los Lugares Bíblicos también tienen significado especial. Cuando Jacob luchó con el ángel, y vio a Dios cara a cara, llamó el nombre del lugar, Peniel, que significa, "el rostro de Dios".

Los nombres de ciertos Objetos Bíblicos también tie-

---

[1] Este Glosario no pretende cubrir todos los nombres bíblicos ni que los significados hayan sido tratados exhaustivamente, dado que la gran mayoría es de muy antigua procedencia, pudiendo existir aún más variantes. Nota Editorial.

nen un significado especial. Por ejemplo, Tumim significa "perfecciones".

El significado de algunos nombres bíblicos es com-
pletamente desconocido, o es tan dudoso que estos nombres no están incluidos en nuestro glosario.

Uno o más de los significados dados para ciertos
nombres bíblicos son dudosos, y en estos casos el signo
de interrogación entre paréntesis, (?), sigue el significado. Ejemplos: (A) Acsa — brazalete para el tobillo;
encantador (?). El primer significado dado, "brazalete
para el tobillo", no es dudoso, pero el segundo, "encantador (?)", es dudoso. (B) Alva — iniquidad (?); sublimidad (?). Los dos significados dados son dudosos.

A veces cuando son dados dos o más significados,
parece que no hay ninguna relación entre estos significados. Ejemplo: Quelubai — perro; impetuoso. Esto su-
cede cuando un nombre en el original tiene una variedad
de significados, o cuando hay diferencia de opinión acer-
ca de la derivación del nombre.

2. Dos o Mas Palabras Distintas en el Idioma
Original. A veces un nombre bíblico en castellano in-
cluye dos o más nombres distintos en el idioma original
(hebreo o griego). Ejemplos: (A) Abel — (1) aliento
o vapor; (2) prado. Se emplea la palabra "Abel" en castellano para representar dos palabras hebreas distintas,
con significados distintos. La primera palabra significa,
en hebreo, "aliento o vapor" y el segundo significa "prado". (B) Súa — (1) riquezas; (2) hoyo; depresión; (3)
basura; barrido. Se emplea "Súa" para representar tres
palabras hebreas, con distintos significados.

3. Las Referencias Biblicas. Cuando hay una sola
palabra en el original que es representada por el nombre en castellano, entonces después del significado o de

los significados dados para el nombre bíblico, se halla
en paréntesis una sola referencia. Esta referencia es la
primera en la Biblia donde se emplea el nombre. Ejemplo: Abda — siervo (1 Rey. 4:6). La referencia, (1 Rey.
4:6), es la primera en la Biblia donde se halla el nombre "Abda". En este caso, donde hay solamente una
sola palabra hebrea, todas las referencias bíblicas a la
palabra "Abda significan "siervo".

Cuando el nombre en castellano representa más de
una palabra hebrea, entonces es necesario emplear varias
maneras para mostrar claramente qué referencias deben
incluirse para cada palabra hebrea. Ejemplos: (A) Abel
— (1) aliento o vapor (Gén. 4:2); (2) prado (solamente en 2 Sam. 20:18). La segunda palabra hebrea,
que significa en castellano "prado", se halla solamente
en 2 Sam. 20:18. En todos los demás versículos que con-
tienen el nombre "Abel", su significado es "aliento o vapor". (B) Jehiel — Dios vive (1 Crón. 15:18) (pero no
en 1 Crón. 9:35 y 11:14). En 1 Crón. 9:35 y 11:44 la
palabra "Jehiel" viene de otra palabra hebrea cuyo significado es desconocido. Las demás referencias tienen el
significado de "Dios vive".

4. Palabras entre Parentesis en Tipo Romano.[1]
Las palabras entre paréntesis (en tipo romano) son de
dos clases: (1) Las que comienzan con la conjunción "o".
Tales palabras pueden ser substituidas en los significados dados. Ejemplo: Abidán — padre es juez; padre de
juicio (o juez). Se puede substituir "juez" por "juicio"
en el segundo significado — "padre de juez". (2) La otra
clase son palabras que pueden ser agregadas al signifi-

---

[1] Ejemplos de los distintos tipos entre paréntesis:
tipo romano   (romano)
tipo versalita   (VERSALITA)
tipo itálica   (*itálica*)

cado dado, para formar un significado alternativo, y más amplio. Ejemplo: Anani — Jehová cubre (con nube). El primer significado es sencillamente "Jehová cubre", y el significado alternativo, más amplio, es "Jehová cubre con nube".

5 PALABRAS EN PARENTESIS EN VERSALITAS[1] Las palabras de esta clase no forman parte del significado del nombre, pero son palabras explicativas. Ejemplo: (A) Adar — fuego (?) (CUANDO SE REFIERE AL MES). Las palabras "cuando se refiere al mes" revelan que hay otra palabra hebrea representada por "Adar", cuyo significado es desconocido, y el Nombre "Adar" significa "fuego" únicamente cuando la palabra se refiere al mes Adar. (B) Agag — llama (DE FUEGO). Las palabras "de fuego" son agregadas para aclarar que no se habla aquí del animal cuyo nombre es "llama", sino de la llama que viene del fuego.

6. PALABRAS EN PARENTESIS EN LETRA ITALICA.[1] Las palabras de esta clase siguen un nombre bíblico, y dan el significado de este nombre. Ejemplo: Abigabaón — padre de Gabaón (*ciudad de la colina*). Abigabaón significa "padre de Gabaón", y Gabaón significa "ciudad de la colina", de modo que Abigabaón es un nombre compuesto que significa "padre de ciudad de la colina".

A

Aaron — iluminado; ilustrado (Ex. 4:14).

Abadon — destructor; destrucción (Job 26:6).

Abagta — Padre de fortuna; dispensador de fortuna (Est. 1:10).

Abana — perenne; permanente; pedregoso (2 Rey. 5:12).

Abarim — lugares (o regiones) más allá; lugares (o regiones) de más allá (Núm. 27:12).

Abba — padre (Mar. 14:36).

Abda — siervo (1 Rey. 4:6).

Abdeel — siervo de Dios (Jer. 36:26).

Abdi — siervo (de Jehová) (1 Cró. 6:44).

Abdias — siervo de Jehová; adorador de Jehová (1 Rey. 18:3).

Abdiel — siervo de Dios (1 Crón. 5:15).

Abdon — servil (Jos. 21:30).

Abel — (1) aliento o vapor (Gén. 4:2); (2) prado (solamente en 2 Sam. 20:18).

Abel-beth-maaca — prado de la casa de opresión (2 Sam. 20:14).

Abel-maim — prado de las aguas (2 Crón. 16:4).

Abel-mehola — prado de la danza (Jue. 7:22).

Abel-mizraim — prado de Egipto; lamento de Egipto (Gén. 50:11).

Abel-sitim — prado de las acacias (Núm. 33:49).

Abez — blancura; resplandeciente (Jos. 19:20).

Abi — progenitor; paternal; padre (2 Rey. 18:2).

Abi-albon — padre de fuerza (2 Sam. 23:31).

Abiam — padre del mar; padre de luz (1 Rey. 14:31).

Abias — Jehová es padre (1 Sam. 8:2).

ABIASAF — padre de recogimiento; mi padre ha recogido (Ex. 6:24).

ABIATAR — padre de abundancia (1 Sam. 22:20).

ABIB — espiga o espigas verdes (Ex. 13:4).

ABIDA — padre de ciencia; mi padre tiene ciencia (Gén. 25:4).

ABIDAN — padre es juez; padre de juicio (o juez) (Núm. 1:11).

ABIEL — Dios es mi padre; padre poderoso (1 Sam. 9:1).

ABIEZER — padre de socorro; padre es socorro (Jos. 17:2).

ABIGABAON — padre de Gabaón (ciudad de la colina) (1 Cró. 8:29).

ABIGAIL — padre de gozo; padre de alegría (1 Sam. 25:3).

ABIHAIL — padre de poder (Núm. 3:35).

ABILINIA — prado herboroso (Luc. 3:1).

ABIMAEL — padre de Mael; (mi) padre es Dios (?) (Gén. 10:28).

ABIMELEC — padre del rey (Gén. 20:2).

ABINADAB — padre de generosidad; padre es noble (1 Sam. 7:1).

ABINOAM — padre de deleite; padre de gracia (Jue. 4:6).

ABIRAM — padre exaltado; sumo padre (Núm. 16:1).

ABISAG — padre de error (1 Rey. 1:3).

ABISAI — padre de dádiva (1 Sam. 26:6).

ABISALOM — padre de paz; padre es paz (1 Rey. 15:2).

ABISUR — padre del muro; (padre es) recto (1 Crón. 2:28).

ABITAL — padre es rocío; padre de rocío; (padre es) protección (2 Sam. 3:4).

ABITOB — padre es bondad; padre de bondad (2 Crón. 8:11).

ABIU — Dios es (mi) padre (Ex. 6:23).

ABIUD — padre de renombre (1 Crón. 8:3).

Abner — padre de luz; padre es luz (1 Sam. 14:50).

Abraham — padre de una multitud (Gén. 17:5).

Abram — sumo padre; padre exaltado (Gén. 11:26).

Absalom — padre es paz; padre de paz (2 Sam. 3:3).

Acab — hermano del padre (tío) (1 Rey. 16:28).

Acad — fortaleza; castillo (Gén. 10:10).

Acan — (1) turbación; perturbador (Jos. 7:1); (2) torcido (solamente en Gén. 36:27).

Acaz — poseedor; el que posee (2 Rey. 15:38).

Acbor — ratón (Gén. 36:38).

Aceldama — campo de sangre (Hch. 1:19).

Aco — arena caliente; curva (?) (Jue. 1:31).

Acor — turbación (Jos. 7:24).

Acrabim — escorpión (Núm. 34:4).

Acsa — brazalete para el tobillo; encantador (?) (Jos. 15:16).

Acsaf — fascinación; hechizo (Jos. 11:1).

Acub — insidioso (1 Crón. 3:24).

Aczib — engaño, engañoso; mentira (?) (Jos. 15:44).

Ada — adorno; belleza (?) (Gén. 4:19).

Adada — fiesta (Jos. 15:22).

Adaia — Jehová ha adornado (2 Rey. 22:1).

Adaias — Jehová ha adornado (1 Crón. 8:21).

Adam — hombre; ser humano; rojo (COLOR DE LA TIERRA) (Jos. 3:16).

Adama — tierra (roja) (Jos. 19:36).

Adan — hombre; ser humano; rojo (COLOR DE LA TIERRA) (Gén. 2:19).

Adar — fuego (?) (CUANDO SE REFIERE AL MES) (Jos. 15:3).

Adbeel — milagro de Dios (?) (Gén. 25:13).

Addan — fuerte (Esd. 2:59).

Ader — rebaño (1 Crón. 8:15).

ADI — adorno (?) (Luc. 3:28).

ADIEL — adorno de Dios (1 Crón. 4:36).

ADIN — voluptuoso (?) (Esd. 2:15).

ADITAIM — doble botín (Jos. 15:36).

ADLAI — justicia (1 Cró. 27:29).

ADMA — fortaleza; tierra (ROJA) (Gén. 10:19).

ADNA — deleite (Esd. 10:30).

ADNAS — deleite (1 Crón. 12:20).

ADON — fuerte (Neh. 7:61).

ADONIAS — Jehová es mi Señor (2 Sam. 3:4).

ADONI-BEZEC — señor de Bezec (relámpago) (Jue. 1:5).

ADONICAM — mi Señor ha resucitado; mi Señor resucita
(Esd. 2:13).

ADONIRAM — Señor de altura; mi Señor es exaltado
(1 Rey. 4:6).

ADONISEDEC — (mi) Señor es justicia; Señor de justicia
(Jos. 10:1).

ADORAIM — dos colinas; doble honra (2 Crón. 11:9).

ADORAM — Señor de alturas; mi Señor es exaltado
(Gén. 10:27).

ADRAMELEC — esplendor del rey; honor del rey
(2 Rey. 17:31).

ADRIEL — rebaño de Dios (1 Sam. 18:19).

ADULAM — justicia del pueblo; lugar de reposo (?)
(Jos. 12:15).

ADUMIN — objetos colorados (Jos. 15:7).

AFEC — fortaleza; fuerza (Jos. 12:18).

AFECA — fortaleza; fuerza (Jos. 15:53).

AGABO — langosta (Hch. 11:28).

AGAG — llama (DE FUEGO); ardiendo (Núm. 24:7).

AGAR — huída (Gén. 16:1).

AGE — fugitivo (2 Sam. 23:11).

AGUR — convocador (Prov. 30:1).

AHARA — detrás del hermano (1 Crón. 8:1).

AHARHEL — detrás de la trinchera (?) (1 Crón. 4:8).

AHASTARI — mensajero (1 Crón. 4:6).

AHAVA — río (?) (Esd. 8:15).

AHBAN — hermano de inteligencia (1 Crón. 2:29).

AHER — el que está detrás (1 Crón. 7:12).

AHI — fraternal; (mi) hermano (1 Crón. 5:15).

AHIA — hermano de Jehová (2 Rey. 9:9).

AHIAM — hermano de la madre o padre (2 Sam. 23:33).

AHIAN — fraternal (1 Crón. 7:19).

AHIAS — hermano de Jehová (1 Sam. 14:3).

AHICAM — hermano que está de pie (2 Rey. 22:12).

AHIEZER — hermano de ayuda; hermano es ayuda; hermano que ayuda (Núm. 1:12).

AHILUD —hermano de uno nacido; hermano de nacimiento (2 Sam. 8:16).

AHIMAAS — hermano de enojo; hermano poderoso (?) (1 Sam. 14:50).

AHIMAN — hermano de una dádiva; hermano es una dádiva (Núm. 13:22).

AHIMELEC — hermano del rey (1 Sam. 21:1).

AHIMOT — hermano de muerte (1 Crón. 6:25).

AHINADAB — hermano de liberalidad (1 Rey. 4:14).

AHINOAM — hermano deleitoso; hermano de gracia (1 Sam. 14:50).

AHIO — fraternal (2 Sam. 6:3).

AHIRA — hermano de maldad; hermano es maldad (Núm. 1:15).

AHIRAM — hermano es enaltecido (Núm. 26:38).

AHISAHAR — hermano del alba (1 Crón. 7:10).

AHISAMAC — hermano de apoyo; hermano ha sostenido (Ex. 31:6).

AHISAR — hermano del cantor; hermano ha cantado
  (1 Rey. 4:6).

AHITOB — hermano de bondad (1 Sam. 14:3).

AHITOFEL — hermano de insensatez; locura
  (2 Sam. 15:12).

AHIUD — (1) hermano de renombre (o majestad) (Núm.
  34:27); (2) hermano de misterio (1 Crón. 8:7).

AHLAB — lugar fértil; fertilidad (Jue. 1:31).

AHLAI — ojalá. (1 Crón. 2:31).

AHOLA — tabernáculo (o tienda) de ella (Ez. 23:4).

AHOLIAB — tabernáculo (o tienda) de su padre
  (Ex. 31:6).

AHOLIBA — mi tabernáculo está en ella (Ez. 23:4).

AHOLIBAMA — tabernáculo (o tienda) de las alturas
  (Gén. 36:2).

AHUMAI — hermano de agua (1 Crón. 4:2).

AHUZAM — posesión; posesor (1 Crón. 4:6).

AHUZAT — posesión (Gén. 26:26).

AIA — montón de escombros; ruinas (Neh. 11:31).

AIN — fuente; ojo (Núm. 34:11).

AJA — buitre; halcón (Gén. 36:24).

AJALON — lugar de gacelas (o venado) (Jos. 10:12).

AJAT — montón de escombros; ruinas (Is. 10:28).

AJELET-SAHAR — cierva del alba (Sal. 22, título).

ALAMELEC — encina del rey (Jos. 19:26).

ALAMET — abrigo; encubrimiento (1 Crón. 7:8).

ALAMOT — vírgenes; soprano (1 Crón. 15:20).

ALEJANDRO — auxiliador de hombres (Mar. 15:21).

ALEMET — abrigo (1 Crón. 6:60).

ALFEO — cambiante; cambiar (Mat. 10:3).

ALMON — escondido; escondite (Jos. 21:18).

ALMON-DIBLATAIM — dos tortas escondidas de higos
  (Núm. 33:46).

ALON — encina (1 Crón. 4:37).

ALON-BACUT — encina de llanto (Gén. 35:8).

ALON SAANANIM — encina de peregrinación (Jos. 19:33).

ALOT — damas (?) (1 Rey. 4:16).

ALUS — alborotado (Núm. 33:13).

ALVA — iniquidad (?); sublimidad (?) (Gén. 36:40).

ALVAN — sublime (?) (Gén. 36:23).

AMAD — sitio (Jos. 19:26).

AMAL — labor; fatiga (1 Crón. 7:35).

AMAM — lugar de reunión (Jos. 15:26).

AMAN — magnífico; grandioso (Est. 3:1).

AMANA — seguro (?); permanente (?) (Can. 4:8).

AMARIAS — Jehová ha prometido; Jehová ha dicho
    (1 Crón. 6:7).

AMASA — carga; cargador (?) (2 Sam. 17:25).

AMASAI — gravoso; pesado (1 Crón. 6:25).

AMASIAS — (1) Jehová es fuerte; fuerza de Jehová
    (2 Rey. 12:21); (2) Jehová ha cargado; carga de
    Jehová (solamente en 2 Crón. 17:16).

AMI — obrero; constructor (Esd. 2:57).

AMIEL — pueblo de Dios; mi pueblo es fuerte (?)
    (Núm. 13:12).

AMINADAB — pueblo de liberalidad; mi pueblo es liberal;
    mi pueblo es noble (?) (Ex. 6:23).

AMISABAD — mi pueblo es dotado; pueblo del dador; mi
    pueblo ha dado (1 Crón. 27:6).

AMISADAI — pueblo del Todopoderoso (Núm. 1:12).

AMITAI — veraz (2 Rey. 14:25).

AMIUD — pueblo de alabanza (Núm. 1:10).

AMMI — pueblo mío (Os. 2:1).

AMNON — fiel (2 Sam. 3:2).

AMOC — profundo (Neh. 12:7).

AMON — (1) obrero; constructor (1 Rey. 22:26); (2) paisano, de la misma raza (CUANDO SE REFIERE A LOS AMONITAS) (Núm. 21:24).

AMONITAS — paisano; de la misma raza (Deut. 2:21).

AMORREO — alpinista; montañez (Gén. 10:16).

AMOS — carga; él que carga (?) (Amós 1:1).

AMOZ — fuerte (2 Rey. 19:2).

AMPLIAS — aumentado (Rom. 16:8).

AMRAM — (1) pueblo exaltado (Ex. 6:18); (2) colorado (solamente en 1 Crón. 1:41).

AMSI — fuerza (1 Crón. 6:46).

ANA — gracia (1 Sam. 1:2).

ANA — respuesta; respondiendo (Gén. 36:2).

ANAB — (lugar de) uvas (Jos. 11:21).

ANAC — de cuello largo; collar (Núm. 13:22).

ANAHARAT — desfiladero (Jos. 19:19).

ANAIAS — Jehová ha contestado; Jehová contesta (Neh. 10:22).

ANAN — nube (Neh. 10:26).

ANANI — Jehová cubre (con nube) (1 Crón. 3:24).

ANANIAS — (1) Jehová ha cubierto (EN ANTIGUO TESTAMENTO) (Neh. 3:23); (2) Jehová es benigno (EN NUEVO TESTAMENTO) (Hch. 5:1).

ANAS — gracia de Jehová (Luc. 3:2).

ANAT — respuesta (Jue. 3:31).

ANATEMA — maldito (Lev. 27:29).

ANATOT — respuestas (Jos. 21:18).

ANDRES — varonil (Mat. 4:18).

ANDRONICO — conquistador de hombres (Rom. 16:7).

ANEM — dos fuentes (1 Crón. 6:73).

ANER — muchacho (Gén. 14:13).

ANFIPOLIS — alrededor de la ciudad; ciudad rodeada (Hch. 17:1).

Aniam — lamento del pueblo (1 Crón. 7:19).

Anias — Jehová ha contestado; Jehová contesta (Neh. 8:4).

Anim — fuentes (Jos. 15:50).

Aod — unión; poderoso (Jue. 3:15).

Apaim — narices (1 Crón. 2:30).

Apocalipsis — revelación; manifestación.

Apolion — destructor (Apoc. 9:11).

Aquila — águila (Hch. 18:2).

Aquilon — viento del norte (Can. 4:16).

Aquim — Dios establecerá (?) (Mat. 1:14).

Ar — ciudad (Núm. 21:15).

Ara — (1) viajero (1 Crón. 7:39); (2) león (solamente en 1 Crón. 7:38).

Arab — emboscada (Jos. 15:52).

Araba — desierto; yermo (Deut. 1:1).

Arabia — desierto; yermo (1 Rey. 10:15).

Araceo — fugitivo (?) (Gén. 10:17).

Arad — fugitivo; asno montés (Núm. 21:1).

Aralot — de los prepucios (Jos. 5:3).

Aram — altura; alto (Gén. 10:22).

Aran — cabra montés (Gén. 36:28).

Ararat — tierra santa (Gén. 8:4).

Arauna — (Jehová es) fuerte (?) (2 Sam. 24:16).

Arba — cuatro (?) (Gén. 35:27).

Ard — descendiente (?) (Gén. 46:21).

Ardon — fugitivo (1 Crón. 2:18).

Areli — heróico (Gén. 46:16).

Argob — pedregoso (Deut. 3:4).

Arie — león (2 Rey. 15:25).

Ariel — león de Dios (Esd. 8:16).

Arimatea — altura (Mat. 27:57).

Arioc — leonino (?) (Gén. 14:1).

ARISTARCO — mejor gobernador (Hch. 19:29).

ARISTOBULO — mejor consejero (Rom. 16:10).

ARMONI — del palacio (2 Sam. 21:8).

ARNAN — activo (1 Crón. 3:21).

ARNON — torrentada (Núm. 21:13).

AROD — asno montés (?) (Núm. 26:17).

ARODI — asno montés (?) (Gén. 46:16).

AROER — desnudo; ruinas (?) (Núm. 32:34).

ARQUELAO — caudillo del pueblo (Mat. 2:22).

ARQUIPO — adestrador de caballos (Col. 4:17).

ARSA — (de la) tierra (?) (1 Rey. 16:9).

ARTAJERJES — rey grande (Esd. 4:7).

ARUBOT — rejillas (?); ventanas (?) (1 Rey. 4:10).

ARUMA — altura (Jue. 9:41).

ARVAD — refugio para el errante (Ez. 27:8).

ARVADEO — perteneciente a Arvad (*refugio para el erran-te*) (Gén. 10:18).

ASA — médico (1 Rey. 15:8).

ASAEL — Dios ha hecho (2 Sam. 2:18).

ASAF — él que reune (2 Rey. 18:18).

ASAIA — Jehová ha hecho (2 Rey. 22:12).

ASAIAS — Jehová ha hecho (1 Crón. 4:36).

ASAN — humo (Jos. 15:42).

ASAREEL — Dios ha vinculado o unido (1 Crón. 4:16).

ASARELA — recto hacia Dios (1 Crón. 25:2).

ASCALON — emigración (?) Jue. 1:18).

ASDOD — baluarte; fortaleza (Jos. 11:22).

ASENA — zarza (solamente en Esd. 2:50).

ASENUA — espinoso (1 Crón. 9:7).

ASER — feliz (Gén. 30:13).

ASIEL — hecho por Dios (1 Crón. 4:35).

ASINCRITO — incomparable (Rom. 16:14).

ASIR — preso; cautivo (Ex. 6:24).

ASMON — fuerte; robusto (Núm. 34:4).

ASRIEL — voto de Dios (Núm. 26:31).

ASUERO — rey (Esd. 4:6).

ATAC — posada; albergue (1 Sam. 30:30).

ATAD — espina (Gén. 50:10).

ATAI — a tiempo; oportuno (1 Crón. 2:35).

ATAIAS — Jehová ha ayudado (?) (Neh. 11:4).

ATALIA — Jehová es fuerte; afligida por Jehová (2 Rey. 8:26).

ATALIAS — Jehová es fuerte (?); afligido por Jehová (?) (1 Crón. 8:26).

ATARA — corona (1 Crón. 2:26).

ATARIM — los espías (Núm. 21:1).

ATAROT — coronas (Núm. 32:3).

ATAROT-SOFAN — coronas escondidas; coronas de desnudez (Núm. 32:35).

ATER — cerrado; manco (?) (Esd. 2:16).

ATLAI — Jehová es fuerte; afligida por Jehová (Esd. 10:28).

ATROT-BET-JOAB — coronas de la casa de Joab (*Jehová es padre*) (1 Crón. 2:54).

AUGUSTO — venerable; augusto (Luc. 2:1).

AUSTRO — viento del sur (Can. 4:16).

AVEN — nada; cosa sin valor (Ez. 30:17).

AVEOS — moradores en ruinas (?) (Deut. 2:23).

AVIM — moradores en ruinas (?) (Jos. 18:23).

AVIT — moradores en ruinas (?) (Gén. 36:35).

AZAI — protector; posesor (Neh. 11:13).

AZALIA — Jehová ha perdonado (2 Rey. 22:3).

AZAN — fuerte (Núm. 34:26).

AZANIAS — (a quien) Jehová oye (Neh. 10:9).

AZARAEL — Dios ha ayudado; Dios ayuda (Neh. 12:36).

AZAREEL — Dios ha ayudado; Dios ayuda (1 Crón. 12:6).

AZARIAS — (a quien) Jehová ha ayudado; (a quien) Jehová ha guardado (1 Rey. 4:2).

AZAZ — fuerte (1 Crón. 5:8).

AZAZEL — macho cabrío que se fue (?) (Lev. 16:8).

AZAZIAS — Jehová es fuerte (1 Crón. 15:21).

AZECA — cultivado; labrado (Jos. 10:10).

AZGAD — fuerte en fortuna (Esd. 2:12).

AZIEL — Jehová fortalece (1 Crón. 15:20).

AZIZA — fuerte (Esd. 10:27).

AZMAVET — muerte es fuerte; fuerza de la muerte (2 Sam. 23:31).

AZNOT-TABOR — cumbre (u oreja) de Tabor (altura) (Jos. 19:34).

AZOR — ayudador (?) (Mat. 1:13).

AZOTO — fortaleza (?) (Hch. 8:40).

AZRICAM — ayuda contra el enemigo; ayuda del enemigo (1 Crón. 3:23).

AZRIEL — ayuda de Dios (1 Crón. 5:24).

AZUBA — desamparado (1 Rey. 22:42).

AZUR — ayudador; útil (Neh. 10:17).

B

Baal — señor; dueño; amo (Jue. 2:11).
Baal-berit — señor del pacto (Jue. 8:33).
Baal-gad — señor de fortuna (Jos. 11:17).
Baal-hamon — señor de una multitud (Can. 8:11).
Baal-hanan — señor es benigno (Gén. 36:38).
Baal-hazor — señor de una aldea (2 Sam. 13:23).
Baal-hermon — señor de Hermón (*pico de montaña*)
    (Jue. 3:3).
Baal-meon — señor de morada (Núm. 32:38).
Baal-peor — señor de brecha (Núm. 25:3).
Baal-perazim — señor de brechas (2 Sam. 5:20).
Baal-salisa — señor de tercer terreno; señor de tres
    terrenos (?) (2 Rey .4:42).
Baal-tamar — señor de palmera (Jue. 20:33).
Baal-zebub — señor de moscas (2 Rey. 1:2).
Baala — (1) señora; dueña; ama (Jos. 15:9); (2) se-
    ñores; dueños (solamente en 2 Sam. 6:2).
Baalat — señora (Jos. 19:44).
Baalat-beer — señora del pozo (Jos. 19:8).
Baali — mi señor (Os. 2:16).
Baalis — señor de gozo (Jer. 40:14).
Baana — hijo de aflicción (2 Sam. 4:2).
Baasias — trabajo de Jehová (1 Crón. 6:40).
Babel — confusión; puerta de Dios (Gén. 10:10).
Babilonia — confusión: puerta de Dios (2 Rey. 17:24).
Bacbacar — buscador (?) (1 Crón. 9:15).
Bacbuc — odres (Esd. 2:51).
Bacbuquias — vaciamiento de Dios; derramamiento de
    Dios (Neh. 11:17).

BAHURIM — (pueblo de) jóvenes (2 Sam. 3:16).
BALAAM — forastero (?); destrucción (?) (Núm. 22:5).
BALAC — devastar; devastador (Núm. 22:2).
BALADAN — ha dado un hijo (?) (Is. 39:1).
BAMA — lugar alto (Ez. 20:29).
BAMOT — lugares altos (Núm. 21:19).
BAMOT-BAAL — lugares altos de Baal (Núm. 22:41).
BANI — edificado (2 Sam. 23:36).
BARAC — relámpago (Jue. 4:6).
BARAQUEL — bendecido de Dios (Job. 32:2).
BARCOS — pintor (?) (Esd. 2:53).
BARIAS — fugitivo (1 Crón. 3:22).
BARJESUS — hijo de Josué (o Jesús) (Hch. 13:6).
BARRABAS — hijo de padre (Mat. 27:16).
BARTIMEO — hijo de Timoteo (*inmundo ?*) (Mar. 10:46).

BARUC — bendito (Neh. 3:20).
BARZILAI — de fierro; fuerte (2 Sam. 17:27).
BASAN — tierra fértil y suave (?) (Núm. 21:33).
BASEMAT — fragante; fragancia (Gén. 26:34).
BAT-RABIM — hija de muchos (Can. 7:4).
BAYIT — casa (Is. 15:2).
BAZLUT — desnudando; desnudez (Esd. 2:52).
BEALIAS — Jehová es Señor (1 Crón. 12:5).
BEALOT — señoras; damas (Jos. 15:24).
BECORAT — primogénito; primer nacimiento (1 Sam. 9:1).
BEDAD — separación (Gén. 36:35).
BEDAN — hijo de juicio (?); servil (?) (1 Crón. 7:17).
BEDIAS — siervo de Jehová (Esd. 10:35).
BEELIADA — Baal (*el señor*) ha conocido; Baal conoce (1 Crón. 14:7).

BEELZEBU — señor de moscas (Mat. 10:25).
BEER — pozo (Núm. 21:16).

Beer-elim — pozo de héroes (Is. 15:8).

Beera — pozo (1 Crón. 5:6).

Beeri — hombre (?) de un pozo (Gén. 26:34).

Beerot — pozos (Jos. 9:17).

Beerot-beni-jaacan — los pozos de los hijos de inteligencia (Deut. 10:6).

Beerseba — pozo de juramento; pozo de siete (Gén. 21:14).

Bel — señor; dueño (Is. 46:1).

Bela — consumiendo (Gén. 14:2).

Belen — casa de pan (Gén. 35:19).

Belial — lo despreciable; perversidad (2 Cor. 6:15).

Belsasar — (que) Baal proteja al rey; príncipe de Bel (?) (Dan. 5:1).

Beltsasar — preserve su vida (?) (Dan. 1:7).

Ben-adad — hijo de Hadad (poderoso?) (1 Rey. 15:18).

Ben-ammi — hijo de mi pueblo (Gén. 19:38).

Ben-hanan — hijo de gracia (1 Crón. 4:20).

Ben-hail — hijo de fuerza (2 Crón. 17:7).

Benaia — Jehová edifica; Jehová ha edificado (2 Sam. 8:18).

Bene-berac — hijos de relámpago (Jos. 19:45).

Bene-jaacan — hijos de inteligencia (Núm. 33:31).

Beninu — nuestro hijo (Neh. 10:13).

Benjamin — hijo de la mano derecha (Gén. 35:18).

Beno — su hijo (1 Crón. 24:26).

Benoni — hijo de mi tristeza (Gén. 35:18).

Benzohet — hijo de Zohet (fuerte) (1 Crón. 4:20).

Beon — señor de morada (Núm. 32:3).

Beor — antorcha (Gén. 36:32).

Bequer — camello pequeño; primogénito (?) (Gén. 46:21).

Bera — dádiva (?) (Gén. 14:2).

BERACA — bendición (1 Crón. 12:3).

BERAIAS — Jehová creó (1 Crón. 8:21).

BERED — granizo (Gén. 16:14).

BERENICE — que trae la victoria (Hch. 25:13).

BEREQUIAS — Jehová ha bendecido (1 Crón. 3:20).

BERI — (hombre de un) pozo (1 Crón. 7:36).

BERIA — en maldad; dificultad (?) (Gén. 46:17).

BERIT — pacto (Jue. 9:46).

BERNABE — hijo de consolación; hijo de exhortación
    Hch. 4:36).

BEROTA — pozos (?); cipreses (?) (Ez. 47:16).

BEROTAI — pozos (?); cipreses (?) (2 Sam. 8:8).

BESAI — que domina (?) (Esd. 2:49).

BESER — mena de oro o plata (Deut. 4:43).

BESODIAS — en el consejo de Jehová (Neh. 3:6).

BESOR — fresco (1 Sam. 30:9).

BET-ANAT — casa de respuestas (ecos) (Jos. 19:38).

BET-ANOT — casa de respuestas (ecos) (Jos. 15:59).

BET-ARABA — casa del desierto (Jos. 15:6).

BET-ARAM — casa de la altura (Jos. 13:27).

BET-ARAN — casa de las alturas (Núm. 32:36).

BET-ARBEL — casa de la emboscada de Dios; casa del
    atrio de Dios (?) (Os. 10:14).

BET-ASBEA — casa de conjuro (1 Crón. 4:21).

BET-AVEN — casa de vanidad; casa de ídolos (Jos. 7:2)

BET-AZMAVET — casa de la fuerza de la muerte
    (Neh. 7:28).

BET-BAAL-MEON — casa del señor de la morada
    (Jos. 13:17).

BET-BARA — casa del vado (Jue. 7:24).

BET-BIRAI — casa de mi creación (1 Crón. 4:31).

BET-CAR — *casa del pasto; casa del cordero* (1 Sam. 7:11).

BET-DAGON — casa de Dagón (*dios de pez*) (Jos. 15:41).

Bet-diblataim — casa de dos tortas de higos (Jer. 48:22).

Bet-eden — casa de Edén (*deleite*) (Amós 1:5).

Bet-el — casa de Dios (Gén. 12:8).

Bet-emec — casa del valle (Jos. 19:27).

Bet-esel — casa del lado (adjunto) (?) (Miq. 1:11).

Bet-gader — casa del muro (1 Crón. 2:51).

Bet-gamul — casa del destetado; casa del camello (?) (Jer. 48:23).

Bet-hanan — hijo de gracia (1 Rey. 4:9).

Bet-haquerem — casa de la viña (Neh. 3:14).

Bet-hogla — casa de la perdiz (Jos. 15:6).

Bet-horon — casa de cavidad; cavernas (?) (Jos. 10:10).

Bet-jesimot — casa de los desiertos (Núm. 33:49).

Bet-le-afra — casa de polvo (Miq. 1:10).

Bet-lebaot — casa de leonas (Jos. 19:6).

Bet-marcabot — casa de carros; casa de carruajes (Jos. 19:5).

Bet-meon — casa de morada (Jer. 48:23).

Bet-nimra — casa de agua dulce; casa del leopardo (Núm. 32:36).

Bet-pases — casa de dispersión (Jos. 19:21).

Bet-pelet — casa de huída (Jos. 15:27).

Bet-peor — casa de Peor (*brecha*) (Deut. 3:29).

Bet-rafa — casa del gigante (1 Crón. 4:12).

Bet-rehob — casa de lugar espacioso (o calle) (Jue. 18:28).

Bet-san — casa de descanso; casa de seguridad (1 Sam. 31:10).

Bet-sean — casa de descanso; casa de seguridad (Jos. 17:11).

Bet-semes — casa del sol (Jos. 15:10).

Bet-sita — casa de la acacia (Jue. 7:22).

Bet-sua — hija de riquezas (1 Crón. 3:5).

BET-SUR — casa de roca (Jos. 15:58).

BET-TAPUA — casa de manzanas (Jos. 15:53).

BETA — confianza (2 Sam. 8:8).

BETABARA — casa del vado (Juan 1:28).

BETANIA — casa de dátiles (Mat. 21:17).

BETEN — vientre (Jos. 19:25).

BETER — división; separación (Can. 2:17).

BETESDA — casa de misericordia (Juan 5:2).

BETFAGE — casa de higos (Mat. 21:1).

BETONIM — pistachos (Jos. 13:26).

BETSABE — hija de juramento (2 Sam. 11:3).

BETSAIDA — casa de pesca; casa de pescado (Mat. 11:21).

BETUEL — casa de Dios; morador en Dios (?)
    (Gén. 22:22).

BETUL — casa de Dios; morador en Dios (?) (Jos. 19:4).

BEULA — desposada (Is. 62:4).

BEZALEEL — en la sombra (o protección) de Dios
    (Ex. 31:2).

BEZEC — relámpago; brecha (?) (Jue. 1:4).

BICRI — juvenil; primogénito (?) (2 Sam. 20:1).

BIDCAR — apuñalador (?) (2 Rey. 9:25).

BIGTA — dado por fortuna (Est. 1:10).

BIGTAN — dado por fortuna (Est. 2:21).

BIGVAI — feliz (?) (Esd. 2:2).

BILDAD — hijo de contención (Job 2:11).

BILGA — alegría; alegre (1 Crón. 24:11).

BILGAI — alegría; alegre (Neh. 10:8).

BILHA — modesto; modestia (Gén. 29:29).

BILHAN — modesto; modestia (Gén. 36:27).

BIMHAL — circuncidado (?) (1 Crón. 7:33).

BINUI — edificio; edificado (?) (Esd. 8:33).

BIRSA — de maldad (?) (Gén. 14:2).

BISLAM — en paz (?); hijo de paz (?) (Esd. 4:7).

BITIA — hija de Jehová, la que adora (1 Crón. 4:18).

BITRON — lugar hendido; barranca (2 Sam. 2:29).

BIZOTIA — desprecio de Jehová (Jos. 15:28).

BLASTO — renuevo (Hch. 12:20).

BOANERGES — hijos del trueno (Mar. 3:17).

BOAZ — agilidad, fuerza (?) (1 Rey. 7:21).

BOCRU — juventud; primogénito (1 Crón. 8:38).

BOHAN — pulgar (Jos. 15:6).

BOOZ — agilidad; fuerza (?) (Rut 2:1).

BOQUIM — lloradores (Jue. 2:1).

BOSCAT — pedregoso; tierra elevada (Jos. 15:39).

BOSES — resplandeciente (1 Sam. 14:4).

BOSRA — corral; cercado (Gén. 36:33).

BUL — lluvia (1 Rom. 6:38).

BUNA — discreción (1 Crón. 2:25).

BUNI — edificado (Neh. 9:4).

BUQUI — boca de Jehová (?); que malgasta (?)
    (Núm. 34:22).

BUQUIAS — agotamiento de Jehová (1 Crón. 25:4).

BUZ — desprecio (Gén. 22:21).

BUZI — despreciado (?) (Ez. 1:3).

C

Cabon — montañoso (?) (Jos. 15:40).

Cabseel — Dios junta; Dios congrega (Jos. 15:21).

Cabul — estéril (?) (Jos. 19:27).

Cademot — principios; partes orientales (Deut. 2:26).

Cades — santo (Gén. 14:7).

Cades-barnea — consagrado; lugar santo (Núm. 32:8).

Cadmiel — en la presencia de Dios; el Anciano (?)
    (Esd. 2:40).

Cadmoneos — hombres del este (Gén. 15:19).

Cafira — aldea (Jos. 9:17).

Caifas — depresión; piedra (?) (Mat. 26:3).

Cain — lanza; adquisición; posesión (Gén. 4:1).

Cainan — adquisición (?) (Gén. 5:9).

Cala — madurez (?); firme (?) (Gén. 10:11).

Calai — veloz (Neh. 12:20).

Calcol — sustento (1 Crón. 2:6).

Caleb — perro; impetuoso (Núm. 13:6).

Calne — fortaleza (Gén. 10:10).

Calno — fortaleza (Is. 10:9).

Cam — negro; caliente (?) (Gén. 5:32).

Cana — lugar de juncos (Jos. 16:8).

Canaan — (terreno) bajo (Gén. 9:18).

Cananeo — mercader; negociante; perteneciente a Ca-
    naán (terreno bajo) (Gén. 10:18).

Cane — fortaleza (Ez. 27:23).

Capernaum — aldea de Nahum (consolación)
    (Mat. 4:13).

Carca — piso (Jos. 15:3).

CARCOR — fundamento; llanada (Jue. 8:10).

CAREA — calvo (2 Rey. 25:23).

CARISIM — artífice (1 Crón. 4:14).

CARMEL — lugar fructífero (Jos. 15:55).

CARMELO — lugar fructífero (Jos. 12:22).

CARMI — viñador (Gén. 46:9).

CARPO — fruto (2 Tim. 4:13).

CARTA — ciudad (Jos. 21:34).

CARTAN — dos ciudades; ciudad doble (Jos. 21:32).

CASIFIA — plateado (?) (Esd. 8:17).

CATAT — pequeño (Jos. 19:15).

CEDAR — oscuro; negro (Gén. 25:13).

CEDEMA — hacia el este (Gén. 25:15).

CEDES — santuario (Jos. 12:22).

CEDRON — oscuro; turbio (2 Sam. 15:23).

CEELATA — asamblea (Núm. 33:22).

CEFAS — piedra (Juan 1:42).

CENAZ — cazador; cazar; cazando (Gén. 36:11).

CENCREA — mijo (Hch. 18:18).

CENEZEO — perteneciente a Cenaz (cazador) (Gén. 15:19).

CERETEOS — verdugos (1 Sam. 30:14).

CESIA — casia (Job 42:14).

CETURA — incienso (Gén. 25:1).

CINA — lamentación (Jos. 15:22).

CIRO — sol (2 Crón. 36:22).

CIS — arco (1 Sam. 9:1).

CISON — tortuoso (Jos. 21:28).

CLEMENTE — clemente; benévolo; piadoso (Fil. 4:3).

CLOE — (hierba) verde (1 Cor. 1:11).

COAT — asamblea (Gén. 46:11).

COLAIAS — voz de Jehová (Neh. 11:7).

COLHOZE — vidente (Neh. 3:15).

CONANIAS — Jehová ha sostenido (?) (2 Crón. 31:12).

CORASAN — horno humeante (1 Sam. 30:30).

CORBAN — ofrenda a Dios (Mar. 7:11).

CORE — (1) calvez; calvo; hielo (?) (Gén. 36:5); (2) perdiz; pregonero (en 1 Crón. 9:19, 26:1, 2 Crón. 31:14).

COS — espina (1 Crón. 4:8).

COZBI — falso (Núm. 25:15).

COZEBA — engañoso (1 Crón. 4:22).

CRESCENTE — creciendo (2 Tim. 4:10).

CRISPO — crespo; rizado (Hch. 18:8).

CRISTO — ungido (Mat. 1:16).

CUARTO — cuatro; cuarto (Rom. 16:23).

CUN — establecido (?) (1 Crón. 18:8).

CUS — negro (Gén. 2:13).

CUSAIAS — arco de Jehová (1 Crón. 15:17).

CUSAN — negro (Hab. 3:7).

CUSI — negro (Jer. 36:14).

D

DABERAT — pasto; prado (Jos. 19:12).

DABESET — joroba de camello (Jos. 19:11).

DAGON — pescado (Jue. 16:23).

DALAIAS — El Señor ha librado (1 Crón. 3:24).

DALFON — goteando (?) (Est. 9:7).

DALILA — languideciendo (?) (Jue. 16:4).

DAMARIS — novilla (?); mansa (?) (Hch. 17:34).

DAN — juez (Gén. 14:14).

DANA — murmurando (?) (Jos. 15:49).

DANIEL — Dios es mi juez (1 Crón. 3:1).

DARA — perla de sabiduría (1 Crón. 2:6).

DARDA — perla de sabiduría (1 Rey. 4:31).

DATAN — (de) una fuente (Núm. 16:1).

DAVID — amado (Rut. 4:17).

DEBIR — oráculo (?) (Jos. 10:38).

DEBORA — abeja; abispa (Gén. 35:8).

DECAPOLIS — diez ciudades (Mat. 4:25).

DECAR — puñalada (?) (1 Rey. 4:9).

DELAIA — Jehová ha libertado (1 Crón. 24:18).

DEUEL — conocido de Dios; Dios conoce (?) (Núm. 1:14).

DEUTERONOMIO — segunda ley; repetición de la ley.

DIBLAIM — dos tortas (Os. 1:3).

DIBON — desfalleciendo; languidez (Núm. 21:30).

DIBRI — locuaz (?) (Lev. 24:11).

DICLA — palmera (Gén. 10:27).

DIDIMO — gemelo (Juan 11:16).

DILEAN — lugar de pepinos (Jos. 15:38).

DIMNA — muladar (Jos. 21:35).

DIMON — desfalleciendo; languidez (Is. 15:9).
DIMONA — desfalleciendo; languidez (Jos. 15:22).
DINA — juzgada; justicia (?) (Gén. 30:21).
DIONISIO — borrasquero (?) (Hch. 17:34).
DIOTREFES — sustentado por Júpiter; educado por Zeus
   (3 Juan 9).
DISAN — antílope (Gén. 36:21).
DISON — antílope (Gén. 36:21).
DIZAHAB — región de oro (Deut. 1:1).
DODAI — cariñoso (1 Crón. 27:4).
DODAVA — amor de Jehová (2 Crón. 20:37).
DODO — cariñoso (Jue. 10:1).
DOEG — temeroso; tímido (?); ansioso (?) (1 Sam. 21:7).
DOFCA — arreando ganado (?) (Núm. 33:12).
DOR — morada (Jos. 11:2).
DORCAS — gacela (Hch. 9:36).
DOTAN — dos pozos (Gén. 37:17).
DUMA — silencio (Gén. 25:14).
DURA — círculo (Dan. 3:1).

E

EBAL — (monte) desnudo (Gén. 36:23).

EBED — siervo (Jue. 9:26).

EBED-MELEC — siervo del rey (Jer. 38:7).

EBEN-EZER — piedra de ayuda (1 Sam. 4:1).

EBER — más allá (Neh. 12:20).

EBIASAF — padre de la asamblea; mi padre ha juntado (1 Crón. 6:23).

ECLESIASTES — el predicador.

ECRON — erradicación; desarraigo (Jos. 13:3).

ED — testimonio; testigo (Jos. 22:34).

EDAR — rebaño (Jos. 15:21).

EDEN — deleite (Gén. 2:8).

EDOM — rojo (Gén. 25:30).

EDREI — poderoso; fuerte (Núm. 21:33).

EFA — oscuridad (Gén. 25:4).

EFER — becerro; gacela (?) (Gén. 25:4).

EFES-DAMIM — límite (o cesación) de sangre (1 Sam. 17:1).

EFLAL — juez; juicio (1 Crón. 2:37).

EFRAIN — (1) doble fructífero; doble fertilidad (Gén. 41:52). (2) semejante a un cervato (?); semejante a un becerro (?) (solamente en 2 Crón. 13:19).

EFRATA — fertilidad (Gén. 35:16).

EFRON — semejante a un cervato (?); semejante a un becerro (?) (Gén. 23:8).

EGLA — novilla (2 Sam. 3:5).

EGLAIM — dos estanques (Is. 15:8).

EGLON — semejante a un becerro (Jos. 10:3).

EL-BET-EL — Dios de la casa de Dios (Gén. 35:7).

EL-ELOHE-ISRAEL — Dios, el Dios de Israel (Gén. 33:20).

ELA — encina (Gén. 36:41).

ELAD — Dios ha testificado; a quien Dios alaba (?)
(1 Crón. 7:21).

ELADA — Dios ha adornado; Dios ha ataviado
(1 Crón. 7:20).

ELASA — Dios ha hecho (1 Crón. 2:39).

ELAT — palmar; bosque de palmeras (Deut. 2:8).

ELCANA — Dios crea; Dios obtiene (?) Dios posee
(Ex. 6:24).

ELDA — a quien Dios ha llamado; Dios de ciencia (?)
(Gén. 25:4).

ELDAD — Dios ha amado; a quien Dios ama (?)
(Núm. 11:26).

ELEALE — Dios es exaltado (Núm. 32:3).

ELEAZAR — Dios es ayudador; Dios ha ayudado (?)
(Ex 6:23).

ELEF — buey (Jos. 18:28).

ELHANAN — Dios es benigno (2 Sam. 21:19).

ELI — alto; elevado (1 Sam. 1:3).

ELIAB — Dios es Padre; Dios del padre (?) (Núm. 1:9).

ELIABA — Dios esconde; Dios esconderá; a quien Dios
esconde (?) (2 Sam. 23:32).

ELIACIM — Dios establece; Dios levanta (Neh. 12:41).

ELIADA — Dios conoce; Dios sabe; a quien Dios cuida (?)
(2 Sam. 5:16).

ELIAM — Dios del pueblo (?); Dios es pariente (?)
(2 Sam. 11:3).

ELIAQUIM — Dios establece; Dios levanta (2 Rey. 18:18).

ELIAS — Dios es Jehová (1 Rey. 17:1).

ELIASAF — Dios ha añadido; a quien Dios ha añadido (?)
(Núm. 1:14).

ELIASIB — Dios restaura (1 Crón. 3:24).

ELIATA — Dios viene; Dios ha venido (1 Crón. 25:4).

ELICA — Dios rechaza (?) (2 Sam. 23:25).

ELIDAD — Dios ha amado; a quien Dios ha amado (?)
(Núm. 34:21).

ELIEL — Dios es Dios (1 Crón. 5:24).

ELIENAI — hacia Jehová (están) mis ojos (1 Crón. 8:20)

ELIEZER — (mi) Dios es ayuda (Gén. 15:2).

ELIFAL — Dios ha juzgado; Dios juzga; juzgado por Dios
(1 Crón. 11:35).

ELIFAZ — (mi) Dios es fuerza; Dios de oro (?)
(Gén. 36:4).

ELIFELEHU — Dios distingue (?) (1 Crón. 15:18).

ELIFELET — Dios es liberación; Dios de liberación
(2 Sam. 5:16).

ELIHOREF — Dios de otoño (?); Dios recompensa (?)
(1 Rey. 4:3).

ELIM — árboles; palmeras (Ex. 15:27).

ELIMAS — mago; sabio (Hch. 13:8).

ELIMELEC — (mi) Dios es rey (Rut 1:2).

ELIOENAI — mis ojos están hacia Jehová (1 Crón. 3:23).

ELISABET — Dios es (su) juramento; Dios de juramento
(Ex. 6:23).

ELISAFAT — Dios juzga; Dios de juicio (2 Crón. 23:1).

ELISAMA — Dios ha oído; Dios es oidor (Núm. 1:10).

ELISEO — Dios es salvación (1 Rey. 19:16).

ELISUA — Dios es salvación; Dios es rico (?)
(2 Sam. 5:15).

ELISUR — Dios es roca (Núm. 1:5).

ELIU — Dios es El (1 Sam. 1:1).

ELIUD — Dios es majestad (?) Dios de majestad (?)
(Mat. 1:14).

ELIZAFAN — Dios protege (Núm. 3:30).

ELNAAM — Dios es (su) deleite (1 Crón. 11:46).

ELNATAN — Dios es dador (?) (2 Rey. 24:8).

ELON — encina (Gén. 26:34).

ELOT — palmeras; palmar (1 Rey. 9:26).

ELPAAL — Dios actúa; Dios es recompensa (?)
(1 Crón. 8:11).

ELPELET — Dios es liberación; Dios de liberación
(1 Crón. 14:5).

ELTECON — Dios es firme (?); fundamento (?)
(Jos. 15:59).

ELTEQUE — Dios es su temor (Jos. 19:44).

ELTOLAD — Dios engendra (?) (Jos. 15:30).

ELUZAI — Dios es mi fuerza; Dios es defensivo (?); Dios
es alabanza (?) (1 Crón. 12:5).

ELZABAD — Dios otorga; Dios ha dado (1 Crón. 12:12).

ELZAFAN — Dios protege (?) (Ex. 6:22).

EMANUEL — Dios con nosotros (Is. 7:14).

EMAUS — fuentes de aguas termales (Luc. 24:13).

EMITAS — terrores; terribles (Gén. 14:5).

EN-EGLAIM — fuente de dos becerros (Eze. 47:10).

EN-GADI — fuente de la cabra (Jos. 15:62).

EN-GANIM — fuente de jardines (Jos. 15:34).

EN-HACORE — fuente del que clamó (Jue. 15:19).

EN-HADA — fuente de rauda (Jos. 19:21).

EN-HAZOR — fuente de la aldea (Jos. 19:37).

EN-MISPAT — fuente de juicio (Gén. 14:7).

EN-RIMON — fuente de una granada (Neh. 11:29).

EN-SEMES — fuente del sol (Jos. 15:7).

ENAIM — dos fuentes; dos manantiales (Gén. 38:14).

ENAN — teniendo ojos; fuentes (?) (Núm. 1:15).

ENDOR — fuente de Dor (*morada*) (Jos. 17:11).

ENOC — dedicado; instruido (?); maestro (?)
(Gén. 4:17).

Enon — fuentes (Juan 3:23).

Enos — humano; hombre (Gén. 4:26).

Epafras — hermoso (?) apetecible, simpático (Col. 1:7).

Epafrodito — hermoso (?) (Fil. 2:25).

Epeneto — digno de alabanza; alabado (Rom. 16:5).

Equer — trasplantado (?) (1 Crón. 2:27).

Er — vigilante (Gén. 38:3).

Eran — vigilante (Núm. 26:36).

Erasto — amado (Hch. 19:22).

Erec — longitud (?) (Gén. 10:10).

Eri — vigilante (Gén. 46:16).

Es-baal — hombre de Baal (1 Crón. 8:33).

Esan — sostén (Jos. 15:52).

Esau — velludo (Gén. 25:25).

Esceva — zurdo (?) (Hch. 19:14).

Escol — racimo (de uvas) (Gén. 14:13).

Esdras — ayuda (1 Crón. 4:17).

Esec — opresión (1 Crón. 8:39).

Ezek — contención (Gén. 26:20).

Esem — hueso (Jos. 15:29).

Esmirna — mirra (Apoc. 1:11).

Esrom — cercado; amurallado (Mat. 1:3).

Estaquiz — espiga de maíz (Rom. 16:9).

Esteban — corona (Hch. 6:5).

Estefanas — coronado; corona (1 Cor. 1:16).

Estemoa — obediencia (?) (Jos. 15:50).

Ester — estrella (Est. 2:7).

Eston — reposado (?) (1 Crón. 4:11).

Et-baal — con Baal (1 Rey. 16:31).

Etam — (1) lugar de gavilán (o fieras) (Jue. 15:8);
    (2) Límite del mar (?) (en Ex. 13:20 y Núm. 33:6,
    7, 8).

Etan — permanente; constante (1 Rey. 4:31).

ETER — abundancia (Jos. 15:42).

ETIOPIA — quemado por el sol (2 Rey. 19:9).

ETNAN — dádiva, don (1 Crón. 4:7).

ETNI — liberal (1 Crón. 6:41).

EUBULO — prudente (2 Tim. 4:21).

EUNICE — victoriosa (2 Tim. 1:5).

EUROCLIDON — tempestad del oriente (?) (Hch. 27:14).

EUTICO — afortunado (Hch. 20:9).

EVA — vida; viviente (Gén. 3:20).

EVI — deseo (Núm. 31:8).

EVODIA — buen viaje (?) (Fil. 4:2).

EXODO — éxodo; salida.

EZBAI — resplandeciente (1 Crón. 11:37).

EZEL — separación (1 Sam. 20:19).

EZEM — hueso (José 19:3).

EZEQUIAS — Jehová es fuerza; fuerza de Jehová
   (2 Rey. 16:20).

EZEQUIEL — Dios fortalecerá (Ez. 1:3).

EZER — (1) ayuda (1 Crón. 4:4); (2) tesoro (en Gén.
   y 1 Crón. 1).

EZION-GEBER — espinazo de gigante (Núm. 33:35).

EZRI — mi ayuda; ayuda de Jehová (1 Crón. 27:26).

F

Falu — distinguido; famoso (Gén. 46:9).

Fanuel — rostro de Dios (Luc. 2:36).

Faraon — casa grande (?); sol (?) (Gén. 12:15).

Fares — brecha; prorrumpir (?) (Gén. 38:29).

Farfar — veloz (2 Rey. 5:12).

Fariseo — separado (Mat. 3:7).

Faros — una pulga (Neh. 3:25).

Felipe — aficionado a los caballos; amador de los caballos (Mat. 10:3).

Felix — feliz (Hch. 23:24).

Fenice — palmera (Hch. 27:12).

Fenicia — palmera (Hch. 11:19).

Ferezeo — aldeanos (Gén. 13:7).

Ficol — boca de todos; poderoso (?) (Gén. 21:22).

Figelo — fugitivo (2 Tim. 1:15).

Filadelfia — amor fraternal (Apoc. 1:11).

Filemon — cariñoso; amigable (Flm. 1).

Fileto — amable (2 Tim. 2:17).

Filistea — emigratorio (?) (Salmo 60:8).

Filisteo — emigratorio (Gén. 10:14).

Filologo — amante de las palabras (Rom. 16:15).

Finees — boca de serpiente (?) (Ex. 6:25).

Flegonte — ardiente (Rom. 16:14).

Fortunato — afortunado (1 Cor. 16:17).

Frigia — seco (?) (Hch. 2:10).

Fua — boca (?) (Gén. 46:13).

Fura — rama de árbol (Jue. 7:10).

Futiel — afligido de Dios (?) (Ex. 6:25).

G

GAAL — repugnancia; desprecio (Jue. 9:26).

GAAS — temblor (Jos. 24:30).

GABAA — collado (Jos. 15:57).

GABAI — cobrador de impuestos (Neh. 11:8).

GABAON — (ciudad de ?) la colina (Jos. 9:3).

GABATA — enlosado; lugar elevado (Juan 19:13).

GABRIEL — hombre de Dios (Dan. 8:16).

GAD — fortuna; tropa (Gén. 30:11).

GADI — afortunado (Núm. 13:11).

GADIEL — fortuna de Dios (Núm. 13:10).

GAHAM — quemar (Gén. 22:24).

GAHAR — escondite (Esd. 2:41).

GALAAD — (1) rocoso; duro (Gén. 31:21); (2) el majano del testimonio (solamente en Gén. 31:47, 48).

GALAL — digno (1 Crón. 9:15).

GALILEA — círculo (Jos. 20:7).

GALIM — montones; fuentes (1 Sam. 25:44).

GAMADEOS — guerreros (Ez. 27:11).

GAMALIEL — recompensa de Dios (Núm. 1:10).

GAMUL — destetado; recompensado (1 Crón. 24:17).

GAREB — sarnoso (2 Sam. 23:38).

GAT — lagar (Jos. 11:22).

GAT-HEFER — lagar del pozo (Jos. 19:13).

GAT-RIMON — lagar de la granada (Jos. 19:45).

GATAM — valle quemado (?) (Gén. 36:11).

GAZA — fuerte (Gén. 10:19).

GAZAM — devorador; devorando (Esd. 2:48).

GAZEZ — esquilador (1 Crón. 2:46).

GEBA — collado (Jos. 18:24).

GEBAL — montaña (1 Rey. 5:18).

GEBER — hombre (valiente) (1 Rey. 4:13).

GEBIM — cisternas; trincheras (Is. 10:31).

GEDALIAS — Jehová es grande; Jehová engrandece (2 Rey. 25:22).

GEDEON — talador; cortador; guerrero (?) (Jue. 6:11).

GEDEONI — talador; belicoso (?) (Núm. 1:11).

GEDER — muro (Jos. 12:13).

GEDERA — redil (Jos. 15:36).

GEDEROT — rediles (Jos. 15:41).

GEDEROTAIM — rediles (Jos. 15:36).

GEDOLIM — hombres grandes (Neh. 11:14).

GEDOR — muro (Jos. 15:58).

GELILOT — círculos (Jos. 18:17).

GEMALI — camellero; dueño de camellos (Núm. 13:12).

GEMARIAS — Jehová ha perfeccionado (Jer. 29:3).

GENESIS — principio; generación.

GENUBAT — hurto (1 Rey. 11:20).

GERA — un grano (Gén. 46:21).

GERGESEO — moradores en barro (?) (Gén. 10:16).

GERIZIM — yermo (?) (Deut. 11:29).

GERSON — expulsión (Gén. 46:11).

GERUT-QUIMAM — morada de Quimam (*anhelo; languidez*) (Jer. 41:17).

GESUR — puente (Deut. 3:14).

GETEOS — moradores en Ga*t* (*lagar*) (Jos. 13:3).

GETSEMANI — trujal; prensa de aceite (Mat. 26:36).

GEUEL — majestad de Dios (Núm. 13:15).

GEZER — precipicio (?) (Jos. 10:33).

GIA — prorrumpiendo (COMO FUENTE); fuente (2 Sam. 2:24).

GIBAR — héroe (Esd. 2:20).

GIBEA — collado (1 Crón. 2:49).

GIBETON — lugar elevado (Jos. 19:44).

GIBLITAS — moradores en Gebal (*montañoso*) (Jos. 13:5).

GIDALTI — he engrandecido (1 Crón. 25:4).

GIDEL — muy grande (Esd. 2:47).

GIDGAD — incisión; trueno (?) (Núm. 33:32).

GIDOM — talador; desolación (?) (Jue. 20:45).

GIEZI — valle de vista; valle de visión (2 Rey. 4:12).

GIHON — arroyo (Gén. 2:13).

GILALAI — lleno de estiercol (?); pesado (?) (Neh. 12:36).

GILBOA — fuente burbujeante (1 Sam. 28:4).

GILGAL — rueda (Deut. 11:30).

GILO — destierro (Jos. 15:51).

GIMZO — lugar de sicómoros (2 Crón. 28:18).

GINAT — protección (?) (1 Rey. 16:21).

GINETO — jardinero (?) (Neh. 12:4).

GINETON — jardinero (?) (Neh. 10:6).

GITAIM — dos lagares (Neh. 11:33).

GOA — mugiendo (Jer. 31:39).

GOB — abismo; hoyo (2 Sam. 21:18).

GOG — montaña (?) (1 Crón. 5:4).

GOIM — naciones (Gén. 14:1).

GOLAN — círculo (?); cautivo (?); desterrado (?) (Deut. 4:43).

GOLGOTA — lugar de la calavera (Mat. 27:33).

GOLIAT — destierro; desterrado (1 Sam. 17:4).

GOMER — consumación; completo (Gén. 10:2).

GOMORRA — sumersión (Gén. 10:19).

GOZAN — cantera (?) (2 Rey. 17:6).

GUDGODA — incisión; trueno (?) (Deut. 10:7).

GUNI — pintado; protegido (?) (Gén. 46:24).

GUR — cachorro de león; morada (?) (2 Rey. 9:27).

GURBAAL — morada de Baal (2 Crón. 26:7).

H

Habacuc — abrazo (Hab. 1:1).

Habaia — Jehová ha escondido; Jehová ha protegido (?) (Esd. 2:61).

Habasinias — luz de Jehová (Jer. 35:3).

Habor — unido; uniendo (2 Rey. 17:6).

Hacalias — oscuridad de Jehová (Neh. 1:1).

Hacatan — pequeño (Esd. 8:12).

Hacmoni — sabio (1 Crón. 11:11).

Hacufa — torcido (Esd. 2:51).

Hadad — poderoso (?) (Gén. 36:35).

Hadad-ezer — poderosa ayuda (?) (2 Sam. 8:3).

Hadad-rimon — granada poderosa (?) (Zac. 12:11).

Hadasa — (1) nuevo; (Jos. 15:37) (2) mirto (solamente en Est. 2:7).

Hadid — puntiagudo (Esd. 2:33).

Hadlai — reposando (2 Crón. 28:12).

Hafarim — dos hoyos (Jos. 19:19).

Hagab — langosta (Esd. 2:46).

Hagaba — langosta (Esd. 2:45).

Hageo — festivo (Esd. 5:1).

Hagui — festivo (Gén. 46:16).

Haguia — fiesta de Jehová (1 Crón. 6:30).

Haguit — festivo (2 Sam. 3:4).

Hai — ruinas; montón de escombros (Gén. 12:8).

Halac — liso (Jos. 11:17).

Halhul — lleno de hoyos (?) (Jos. 15:58).

Hali — collar (?) (Jos. 19:25).

Halohes — el encantador (Neh. 3:12).

HAMAT — (1) fortaleza; amurallado (Núm. 13:21); (2)
aguas termales (solamente en Jos. 19:35).

HAMATEO — perteneciente a Hamat (*fortaleza; amurallado*) (Gén. 10:18).

HAMEA — ciento (Neh. 3:1).

HAMEDATA — dádiva de la luna (?) (Est. 3:1).

HAMELEC — el rey (Jer. 36:26).

HAMOLEQUET — la reina (1 Crón. 7:18).

HAMON — aguas termales; caliente (Jos. 19:28).

HAMON-GOG — la multitud de Gog (*montaña ?*)
(Ez. 39:11).

HAMONA — multitud (Ez. 39:16).

HAMOR — asno (Gén. 33:19).

HAMOT-DOR — aguas termales de Dor (*morada*)
(Jos. 21:32).

HAMUEL — calor de Dios; ira de Dios (1 Crón. 4:26).

HAMUL — compadecido (Gén. 46:12).

HAMUTAL — pariente al rocío (2 Rey. 23:31).

HANAMEEL — Dios ha favorecido (Jer. 32:7).

HANAN — misericordioso; benigno (1 Crón. 8:23).

HANANEEL — Dios ha favorecido (Neh. 3:1).

HANANI — benigno (1 Rey. 16:1).

HANANIAS — Jehová ha favorecido (1 Crón. 3:19).

HANATON — favorecido (Jos. 19:14).

HANIEL — gracia de Dios; favor de Dios (Núm. 34:23).

HANOC — dedicado; iniciado (?) (Gén. 25:4).

HANUN — favorecido (2 Sam. 10:1).

HAQUILA — oscuro (1 Sam. 23:19).

HARA — montañoso (1 Crón. 5:26).

HARADA — terror (Núm. 33:24).

HARBONA — el que arrea asnos (Est. 1:10).

HAREF — arrancando (?); nacido antes de tiempo (?)
(1 Crón. 2:51).

HARET — maleza; matorral (1 Sam. 22:5).

HARHAIA — seco (?) (Neh. 3:8).

HARHAS — pobreza; resplandeciente (?) (2 Rey. 22:14).

HARHUR — inflamación; fiebre (?) (Esd. 2:51).

HARIF — (lluvia ?) otoñal (Neh. 7:24).

HARIM — chato (1 Crón. 24:8).

HAROD — temor; terror (Jue. 7:1).

HAROE — vidente (1 Crón. 2:52).

HARSA — artífice; encantador (?) (Esd. 2:52).

HARUM — elevado; exaltado (1 Crón. 4:8).

HARUMAF — chato (Neh. 3:10).

HARUZ — diligente (2 Rey. 21:19).

HASABIAS — a quien Dios considera (1 Crón. 6:45).

HASADIAS — a quien Jehová ama; Jehová es benigno (1 Crón. 3:20).

HASBADANA — juez solícito (?) (Neh. 8:4).

HASEM — gordo (?) (1 Crón. 11:34).

HASMONA — fertilidad (Núm. 33:29).

HASUB — considerado (?) (1 Crón. 9:14).

HASUBA — estimado (1 Crón. 3:20).

HASUFA — desnudo; desnudez (Esd. 2:43).

HASUM — rico (Esd. 2:19).

HATAC — verdad (?) (Est. 4:5).

HATAT — terror (1 Crón. 4:13).

HATIFA — cautivo; apresar (Esd. 2:54).

HATIL — vacilando (Esd. 2:57).

HATITA — exploración; excavando (Esd. 2:42).

HATUS — congregado (1 Crón. 3:22).

HAURAN — tierra cavernosa; tierra de cuevas (Ez. 47:16).

HAVILA — arenal; círculo (?) (Gén. 2:11).

HAVOT-JAIR — aldeas de Jair (*Jehová ilumina*) (Núm. 32:41).

HAZAEL — Dios ve (1 Rey. 19:15).

HAZAIAS — Dios ve; Dios ha visto (Neh. 11:5).

HAZAR-ENAN — aldea de fuentes (Núm. 34:9).

HAZAR-GADA — aldea de fortuna (Jos. 15:27).

HAZAR-HATICON — aldea de en medio (Ez. 47:16).

HAZAR-MAVET — aldea de la muerte (Gén. 10:26).

HAZAR-SUAL — aldea de la zorra; aldea del chacal
   (Jos. 15:28).

HAZAR-SUSA — aldea del caballo (Jos. 19:5).

HAZAR-SUSIM — aldea de caballos (1 Crón. 4:31).

HAZE-LELPONI — sombrear la cara (?); dándome sombra
   (?) (1 Crón. 4:3).

HAZEROT — aldeas (Núm. 11:35).

HAZEZON-TAMAR — fila de palmeras; poda de la palmera
   (?) (Gén. 14:7).

HAZIEL — visión de Dios (1 Crón. 23:9).

HAZO — vidente; visión (Gén. 22:22).

HAZOR — cercado; castillo (?) (Jos. 11:1).

HAZOR-HADATA — nueva aldea (Jos. 15:25).

HEBER — (1) más allá (Gén. 10:21); (2) sociedad (en
   Gén. 46:17, Núm. 26:45, Jue. 4:11, 17, 21, 5:24, 1
   Crón. 4:18, 7:31, 32, 8:17).

HEBREO — descendiente de Heber (*más allá*)
   (Gén. 14:13).

HEBRON — unión; asociación (Gén. 13:18).

HEFER — hoyo; pozo (Núm. 26:32).

HEFZI-BA — mi deleite está en ella (Is. 62:4).

HELA — orín (1 Crón. 4:5).

HELAM — fortaleza (2 Sam. 10:16).

HELBA — fertilidad (o gordura) (Jue. 1:31).

HELBON — fructífero; gordo (Ez. 27:18).

HELCAI — Jehová (es) su porción (Neh. 12:15).

HELCAT — porción (Jos. 19:25).

HELCAT-HAZURIM — campo de espadas (?); campo de
   rocas (?) (2 Sam. 2:16).

HELDAI — mundano (?); perdurable (?) (1 Crón. 27:15).

HELEB — gordura (o fertilidad); gordo (o fértil) (2 Sam. 23:29).

HELEC — porción (Núm. 26:30).

HELED — mundano — (1 Crón. 11:30).

HELEF — cambio (Jos. 19:33).

HELEM — sueño (?); golpe (?) (1 Crón. 7:35).

HELES — fuerza (2 Sam. 23:26).

HELON — fuerte (Núm. 1:9).

HEMAM — destrucción; furioso (?) (Gén. 36:22).

HEMAN — fiel (1 Rey. 4:31).

HEMDAN — deleitoso (Gén. 36:26).

HEN — gracia (Zac. 6:14).

HENADAD — favor de Hadad (*poderoso?*) (Esd. 3:9).

HEPSIBA — mi deleite está en ella (2 Rey. 21:1).

HERES — (1) sol (Jue. 1:35); (2) artífice; silencio (?) (1 Crón. 9:15).

HEREZ — destrucción (Is. 19:18).

HERMON — abrupto; pico de montaña (?) (Deut. 3:8).

HERODES — heróico (Mat. 2:1).

HESBON — inteligencia (?) (Núm. 21:25).

HESED — favor; misericordia (1 Rey. 4:10).

HESMON — fertilidad (o gordura) (Jos. 15:27).

HET — terror (Gén. 10:15).

HETEOS — hijos de Het (*terror*) (Gén. 15:20).

HETLON — escondite; fortaleza (?) (Ez. 47:15).

HEVEO — aldeano (Gén. 10:17).

HEZEQUIEL — Dios es fuerte; Dios fortalece (1 Crón. 24:16).

HEZION — visión (1 Rey. 15:18).

HEZIR — cerdos (1 Crón. 24:15).

HEZRAI — cercado; amurallado (2 Sam. 23:35).

HEZRO — cercado; amurallado (1 Crón. 11:37).

HEZRON — cercado; amurallado (Gén. 46:9).

HIDAI — poderoso (2 Sam. 23:30).

HIEL — Dios vive (1 Rey. 16:34).

HIERAPOLIS — ciudad santa (Col. 4:13).

HILCIAS — porción de Jehová; porción es Jehová
(2 Rey. 18:18).

HILEL — alabando; él ha alabado (Jue. 12:13).

HILEN — lugar fuerte (?) (1 Crón. 6:58).

HIMENEO — Dios de bodas; nupcial (?) (1 Tim. 1:20).

HIR — ciudad (1 Crón. 7:12).

HIRA — nobleza; esplendor (?) (Gén. 38:1).

HIRAM — noble (2 Sam. 5:11).

HIRAM-ABI — Hiram (noble), mi padre (2 Crón. 2:13).

HIZQUI — fuerza de Jehová (1 Crón. 8:17).

HOBA — escondite (Gén. 14:15).

HOBAB — amado (Núm. 10:29).

HOD — esplendor; majestad; gloria (1 Crón. 7:37).

HODAVIAS — alabad a Jehová; Jehová es alabanza
(1 Crón. 3:24).

HODES — luna nueva (1 Crón. 8:9).

HODIAS — majestad de Jehová; esplendor de Jehová; Jehová es alabanza (?) (1 Crón. 4:19).

HOGLA — perdiz (Núm. 26:33).

HOLON — arenoso (?) (Jos. 15:51).

HOMAM — destrucción; furioso (?) (1 Crón. 1:39).

HOR — montaña (Núm. 20:22).

HORAM — elevado (Jos. 10:33).

HOREB — desierto (Ex. 3:1).

HOREM — sagrado (Jos. 19:38).

HOREOS — cavernícolas; moradores en cuevas (Gén. 14:6).

HORES — bosque (1 Sam. 23:15).

HORI — cavernícola; morador en cueva (Gén. 36:22).

HORMA — consagrado (para destrucción) (Núm. 14:45).

Horonaim — dos cavernas (Is. 15:5).

Hosa — refugio (Jos. 19:29).

Hosama — Jehová oye; Jehová ha oído (1 Crón. 3:18).

Hosanna — salva ahora; salve te rogamos (Mat. 21:9).

Hotam — sello (1 Crón. 7:32).

Hucoc — decretado (Jos. 19:34).

Hufam — protección (?) (Núm. 26:39).

Hul — círculo (Gén. 10:23).

Hulda — comadreja (2 Rey. 22:14).

Humta — lagartijo (Jos. 15:54).

Hupa — cobija (1 Crón. 24:13).

Hupim — protección (?) (Gén. 46:21).

Hur — noble (?) (Ex. 17:10).

Huri — tejedor de lienzos (1 Crón. 5:14).

Husa — prisa (1 Crón. 4:4).

Husai — apresurado; apresurándose (2 Sam. 15:32).

Husam — prisa (Gén. 36:34).

Husim — los que se apresuran (?) (Gén. 46:23).

I

IBDAS — enmelado (1 Crón. 4:3).

IBHAR — cosa elegida; elegido (2 Sam. 5:15).

IBNEIAS — Jehová edifica (1 Crón. 9:8).

IBNIAS — Jehová edifica (1 Crón. 9:8).

IBRI — hebreo (1 Crón. 24:27).

IBZAN — ilustre (Jue. 12:8).

ICABOD — sin gloria (1 Sam. 4:21).

IDDO — a tiempo; oportuno (en 1 Rey. 4:14, 1 Crón. 6:
    21, 2 Crón. 12:15, 13:22, Esd. 5:1, 6:14, Neh. 12:4,
    16, Zac. 1:1, 7).

IDUMEA — rojo (Mar. 3:8).

IFDAIAS — Jehová liberta (1 Crón. 8:25).

IGAL — Dios vengará; Dios vindicará (Núm. 13:7).

IGDALIAS — Jehová es grande; Jehová engrandece
    (Jer. 35:4).

IIM — ruinas (Jos. 15:29).

IJE-ABARIM — ruinas de Abarim (*regiones más allá*)
    (Núm. 21:11).

IJON — ruina (1 Rey. 15:20).

ILAI — supremo, exaltado (1 Crón. 11:29).

IMER — hablador (1 Crón. 9:12).

IMLA — lleno; Dios llena (1 Rey. 22:8).

IMNA — (1) prosperidad (Gén. 46:17); (2) Dios detiene;
    a quien Dios detiene (solamente en 1 Crón. 7:35).

IMRA — contumaz (1 Crón. 7:36).

IMRI — elocuente (1 Crón. 9:4).

IQUES — perverso (2 Sam. 23:26).

IR-SEMES — ciudad del sol (Jos. 19:41).

IRA — vigilante (2 Sam. 20:26).

IRAM — de una ciudad; ciudadano (Gén. 36:43).

IRI — (de una) ciudad (?) (1 Crón. 7:7).

IRIAS — Jehová ve (Jer. 37:13).

IRON — pío; (?) temor (?) (Jos. 19:38).

IRPEEL — Dios sana; restaurado por Dios (?) (Jos. 18:27).

IRU — de una ciudad; ciudadano (1 Crón. 4:15).

IS-BOSET — hombre de verguenza (2 Sam. 2:8).

IS-TOB — hombre de Tob (*bien*) (2 Sam. 10:6).

ISAAC — risa (Gén. 17:19).

ISACAR — traerá una recompensa; jornal (?) (Gén. 30:18).

ISAI — Jehová es; Jehová existe (Rut 4:17).

ISAIAS — Jehová ha salvado; Jehová es ayudador; salvación
   de Jehová (?) (2 Rey. 19:2).

ISBA — El alaba; alabando (1 Crón. 4:17).

ISBAC — él deja atrás; dejando atrás (Gén. 25:2).

ISBI-BENOB — morador en los lugares altos
   (2 Sam. 21:16).

ISCA — vigilante (Gén. 11:29).

ISCARIOTE — varón de ciudades (Mat. 10:4).

ISHI — mi marido (Os. 2:16).

ISI — saludable (1 Crón. 2:31).

ISIAS — Jehová presta; a quien Jehová presta (?)
   (1 Crón. 7:3).

ISMA — desolado (1 Crón. 4:3).

ISMAEL — Dios oye; a quien Dios oye (?) (Gén. 16:11).

ISMAIAS — Jehová oye (1 Crón. 12:4).

ISMAQUIAS — Jehová sostiene (2 Crón. 31:13).

ISMERAI — Jehová guarda (1 Crón. 8:18).

ISOD — hombre de renombre; hombre de gloria
   (1 Crón. 7:18).

ISRAEL — reinará con Dios; el que lucha con Dios; Dios
   lucha; soldado de Dios (Gén. 32:28).

ISRAHIAS — Jehová resplandece; Jehová resplandecerá
   (1 Crón. 7:3).
ISUA — al nivel de (?); semejante (?) (Gén. 46:17).
ISUI — al nivel de (?); semejante (?) (Gén. 46:17).
ITA-CAZIN — tiempo de un juez (?) (Jos. 19:13).
ITAMAR — costa de la palmera; isla de palmeras (?)
   (Ex. 6:23).
ITIEL — Dios conmigo (Neh. 11:7).
ITMA — orfanatorio (?); pérdida muy sensible (?)
   1 Crón. 11:46).
ITRA — excelencia; abundancia (?) (2 Sam. 17:25).
ITRAN — excelente; abundancia (?) (Gén. 36:26).
ITREAM — el remanente del pueblo (2 Sam. 3:5).
IZHAR — ungido con aceite; resplandeciente (?)
   (Ex. 6:18).

J

Jaacan — inteligente (?) (1 Crón. 1:42).

Jaacoba — suplantador (1 Crón. 4:36).

Jaala — cabra montés (?) (Esd. 2:56).

Jaalam — escondido (?) (Gén. 36:5).

Jaanai — respondiendo (?) (1 Crón. 5:12).

Jaare-oregim — bosques de los tejedores (2 Sam. 21:19).

Jaasai — hacedor (?) (Esd. 10:37).

Jaasiel — hecho por Dios (?) (1 Crón. 11:47).

Jaazanias — Jehová oye — (2 Rey. 25:23).

Jaazias — Jehová consuela (1 Crón. 24:26).

Jaaziel — Dios consuela (1 Crón. 15:18).

Jabal — arroyo (Gén. 4:20).

Jabes — (1) seco; (1 Sam. 11:1); (2) él entristece
   (1 Crón. 2:55, 4:9, 10).

Jabes-galaad — (lugar) seco de Galaad (rocoso)
   (Jue. 21:8).

Jabin — inteligente (Jos. 11:1).

Jabneel — Dios edifica (Jos. 15:11).

Jabnia — edificio; Dios edifica (2 Crón. 26:6).

Jaboc — derramando; derrame (?) (fluyendo (?)
   (Gén. 32:22).

Jacan — penoso; afligido (1 Crón. 5:13).

Jacob — suplantador (Gén. 25:26).

Jacobo — suplantador (Mat. 4:21).

Jada — sabio; conociendo (1 Crón. 2:28).

Jadon — juez (Neh. 3:7).

Jadua — conociendo; conocido (Neh. 10:21).

Jael — cabra montés (Jue. 4:17).

JAFET — expansión (?) (Gén. 5:32).

JAFIA — resplandeciente (Jos. 10:3).

JAFLET — El libertará (1 Crón. 7:32).

JAGUR — posada; albergue (Jos. 15:21).

JAH — el que tiene existencia en sí mismo (CONTRACCION
DE JEHOVA) (Sal. 68:4).

JAHAT — unión (1 Crón. 4:2).

JAHAZA — hollada (Núm. 21:23).

JAHAZIAS — Jehová ve (Esd. 10:15).

JAHAZIEL — Dios ve (1 Crón. 12:4).

JAHDAI — guiado por Jehová (1 Crón. 2:47).

JAHDIEL — Dios alegra; unión de Dios (?) (1 Crón. 5:24).

JAHDO — unión (1 Crón. 5:14).

JAHLEEL — esperanza en Dios (Gén. 46:14).

JAHMAI — Jehová protege (?) (1 Crón. 7:2).

JAHZEEL — Dios reparte (Gén. 46:24).

JAIR — (1) él ilumina (Núm. 32:41); (2) bosque (solamente en 1 Crón. 20:5).

JAIRO — él ilumina (Mar. 5:22).

JALON — posada; albergue (1 Crón. 4:17).

JAMIN — mano derecha (Gén. 46:10).

JAMLEC — Jehová hace reinar (1 Crón. 4:34).

JANOA — reposo; quietud (Jos. 16:6).

JANUM — sueño ligero y tranquilo (Jos. 15:53).

JAQUE — piadoso (Prov. 30:1).

JAQUIM — Jehová erige (1 Crón. 8:19).

JAQUIN — él establece (?); él fortalece (?) (Gén. 46:10).

JARA — miel (1 Crón. 9:42).

JAREB — contencioso (Os. 5:13).

JARED — descenso (Gén. 5:15).

JARESIAS — Dios sustenta; Dios alimenta (1 Crón. 8:27).

JARIB — adversario (1 Crón. 4:24).

JARMUT — elevación (Jos. 10:3).

Jaroa — luna nueva (1 Crón. 5:14).

Jasen — durmiendo (2 Sam. 23:32).

Jaser — recto (Jos. 10:13).

Jasobeam — el pueblo regresa (1 Crón. 11:11).

Jason — sanidad (?); curar (?) (Hch. 17:5).

Jasub — él regresa (Núm. 26:24).

Jatir — eminente (?); excelencia (?) (Jos. 15:48).

Jatniel — Dios da (1 Crón. 26:2).

Jaza — la era pisoteada (1 Crón. 6:78).

Jazer — útil; Jehová ayuda (?) (Núm. 21:32).

Jazera — Jehová vuelve a traer (1 Crón. 9:12).

Jaziz — resplandeciente (?) (1 Crón. 27:31).

Jearim — bosques (Jos. 15:10).

Jeberequias — Jehová bendice (Is. 8:2).

Jebus — hollado (Jos. 18:28).

Jebuseo — perteneciente a Jebús (*hollado*) (Gén. 10:16).

Jecabseel — Dios recoge (?) (Neh. 11:25).

Jecaman — él une o levanta un pueblo (?); el pueblo se une o se levanta (?) (1 Crón. 23:19).

Jecamias — Jehová se levanta (1 Crón. 2:41).

Jecolias — Jehová capacitará (2 Rey. 15:2).

Jeconias — Jehová establece (1 Crón. 3:16).

Jecutiel — reverencia hacia Dios (?) (1 Crón. 4:18).

Jedaia — Jehová conoce (Neh. 7:39).

Jedaias — (1) Jehová conoce (1 Crón. 9:10); (2) Jehová alaba (en 1 Crón. 4:37 y Neh. 3:10).

Jediael — conocido de Dios; Dios conoce (1 Crón. 7:6).

Jediaiel — conocido de Dios; Dios conoce (1 Crón. 12:20).

Jedidias — amado de Jehová (2 Sam. 12:25).

Jedutun — alabando; quien da alabanza (1 Crón. 9:16).

JEFONE — preparado para el camino (?); para quien se
   prepara un camino (?) (Núm. 13:6).

JEFTE — él abre; él abrirá (Jue. 11:1).

JEFTE-EL — Dios abre (Jos. 19:14).

JEGARSAHADUTA — majano de testimonio (Gén. 31:47).

JEHALELEL — él alaba a Dios (1 Crón. 4:16).

JEHEDIAS — Jehová hace alegrar; unión de Jehová (?)
   (1 Crón. 24:20).

JEHIAS — Jehová vive (1 Crón. 15:24).

JEHIEL — Dios vive (1 Crón. 15:18) (pero no en 1 Crón.
   9:35 y 11:44).

JEHIELI — Dios vive (1 Crón. 26:22).

JEHOVA — él que existe en sí mismo (Gén. 2:4).

JEHOVA-NISI — Jehová es mi estandarte (Ex. 17:15).

JEHOVA-SALOM — Jehová es paz (Jue. 6:24).

JEHOVA-SAMA — Jehová (está) allí (Ez. 48:35).

JEHU — Jehová es El (1 Rey. 16:1).

JEHUBA — escondido (1 Crón. 7:34).

JEHUD — alabanza (Jos. 19:45).

JEHUDAIA — judía (1 Crón. 4:18).

JEHUDI — judío (Jer. 36:14).

JEHUS — recogiendo (?); apresurado (?); (1 Crón. 8:39).

JEIEL — arrebatado por Dios (?); tesoro de Dios (?)
   (1 Crón. 5:7).

JEMIMA — paloma (Job 42:14).

JEMUEL — día de Dios (Gén. 46:10).

JERA — luna (Gén. 10:26).

JERAMEEL — Dios tiene misericordia; Dios tiene compasión
   (1 Sam. 27:10).

JEREBAI — contencioso; Jehová defiende (?)
   (1 Crón. 11:46).

JERED — descenso (1 Crón. 4:18).

Jeremai — elevado; morando en las alturas (?)
  (Esd. 10:33).

Jeremias — Jehová establece (2 Rey. 23:31).

Jeremot — alturas (1 Crón. 8:14).

Jerias — edificado por Jehová (?) (1 Crón. 23:19).

Jerico — lugar fragante; ciudad de la luna (Núm. 22:1).

Jeriel — fundado por Dios (1 Crón. 7:2).

Jerimot — alturas (1 Crón. 7:7).

Jeriot — cortinas (1 Crón. 2:18).

Jerobaal — contienda Baal contra él (Jue. 6:32).

Jeroboam — el pueblo contenderá (?); él contiende por
  el pueblo (?); cuyas gentes son muchas (?)
  (1 Rey. 11:26).

Jeroham — amado; misericordia (?) (1 Sam. 1:1).

Jeruel — fundado por Dios (2 Crón. 20:16).

Jerusa — posesión; poseída (2 Rey. 15:33).

Jerusalen — fundada en paz (Jos. 10:1).

Jesahias — Jehová ha salvado; Jehová es salvación
  (1 Crón. 25:15).

Jesaias — Jehová ha salvado; Jehová es salvación
  (1 Crón. 3:21).

Jesana — vieja (2 Crón. 13:19).

Jesarela — recto hacia Dios (1 Crón. 25:14).

Jesebeab — morada del padre (1 Crón. 24:13).

Jeser — rectitud (1 Crón. 2:18).

Jesimiel — Dios establece (1 Crón. 4:36).

Jesisai — envejecido (1 Crón. 5:14).

Jesohaia — humillado por Jehová (1 Crón. 4:36).

Jesua — Jehová es salvación; Jehová salva
  (1 Crón. 24:11).

Jesurun — recto (Deut. 32:15).

Jesus — salvador; Jehová es salvación (Mat. 1:16).

JETER — excelencia; abundancia; preeminente
(Jue. 8:20).

JETLA — alto; colgante (?) (Jos. 19:42).

JETRO — excelencia (Ex. 3:1).

JETUR — cercado (Gén. 25:15).

JEUEL — arrebatado por Dios (?); tesoro de Dios (?)
(1 Crón. 9:6).

JEUS — Jehová apresura (Gén. 36:5).

JEUZ — consejero (1 Crón. 8:10).

JEZABEL — casta; no casada (1 Rey. 16:31).

JEZANIAS — Jehová oye (?) (Jer. 40:8).

JEZER — (1) formación (Gén. 46:24); (2) padre es ayuda (Núm. 26:30).

JEZIAS — Jehová rocía; Jehová reúne (?) (Esd. 10:25).

JEZIEL — asamblea de Dios (1 Crón. 12:3).

JEZLIAS — Jehová liberta (1 Crón. 8:18).

JEZOAR — resplandeciente (?) (1 Crón. 4:7).

JEZREEL — Dios siembra (Jos. 15:56).

JIBSAM — fragante; agradable (?) (1 Crón. 7:2).

JIDLAF — lloroso; él llora (Gén. 22:22).

JIFTA — él abre (Jos. 15:43).

JOA — Jehová es hermano (2 Rey. 18:18).

JOAB — Jehová es padre (1 Sam. 26:6).

JOACAZ — Jehová ase; Jehová tiene (2 Rey. 10:35).

JOACIM — Jehová levanta; Jehová establece
(2 Rey. 23:34).

JOADA — Jehová adorna (1 Crón. 8:36).

JOADAN — Jehová causa placer (2 Rey. 14:2).

JOANA — Jehová ha favorecido (Luc. 3:27).

JOAQUIN — Jehová establece (2 Rey. 24:6).

JOAS — Jehová sostiene (?) (Jue. 6:11).

JOB — aborrecido; perseguido (Job 1:1) (pero no en
Gén. 46:13).

JOBAB — aullando (Gén. 10:29).

JOCABED — Jehová es gloria; Jehová es glorioso (Ex. 6:20).

JOCDEAM — ardor del pueblo (Jos. 15:56).

JOCMEAM — que Jehová levante un pueblo (?) (1 Rey. 4:12).

JOCNEAM — poseída por el pueblo (Jos. 12:22).

JOCSAN — cazador (DE AVES) (Gén. 25:2).

JOCTAN — pequeño; disminuido (Gén. 10:25).

JOCTEEL — sojuzgado por Dios; reverencia a Dios (?) (Jos. 15:38).

JOED — Jehová es testigo (Neh. 11:7).

JOEL — Jehová es Dios (1 Sam. 8:2).

JOELA — Jehová ayuda (?) (1 Crón. 12:7).

JOEZER — Jehová es ayuda (1 Crón. 12:6).

JOGBEHA — elevado (Núm. 32:35).

JOGLI — desterrado (Núm. 34:22).

JOHA — Jehová aviva; Jehová vive (1 Crón. 8:16).

JOHANAN — Jehová es benigno (2 Rey. 25:23).

JOIACIM — Jehová levanta; Jehová establece (Neh. 12:10).

JOIADA — Jehová conoce (2 Sam. 8:18).

JOIARIB — Jehová contenderá (1 Crón. 9:10).

JONADAB — Jehová es liberal; Jehová es generoso (2 Sam. 13:3).

JONAN — dado por Dios (?) (Luc. 3:30).

JONAS — paloma (2 Rey. 14:25).

JONATAN — Jehová ha dado (Jue. 18:30).

JOPE — hermosura (Jos. 19:46).

JORA — riego (?); lluvia (?) (Esd. 2:18).

JORAM — Jehová es exaltado; exaltado por Jehová (2 Sam. 8:10).

JORCOAM — esparcimiento del pueblo; extensión del pueblo (1 Crón. 2:44).

JORDAN — que desciende (Gén. 13:10).

JOSABA — Jehová ha juramentado; Jehová es juramento
(2 Rey. 11:2).

JOSABAD — Jehová ha dado; Jehová ha dotado
(2 Crón. 35:9).

JOSABET — Jehová ha juramentado; Jehová es juramento
(2 Crón. 22:11).

JOSACAR — Jehová ha recordado (2 Rey. 12:21).

JOSADAC — Jehová es justo (1 Crón. 6:14).

JOSAFAT — Jehová juzga; Jehová es juez (2 Sam. 8:16).

JOSBECASA — sentado en dureza (1 Crón. 25:4).

JOSE — él añade o aumenta; que él añada (Gén. 30:24).

JOSIAS — Jehová sana; Jehová sostiene (?) (1 Rey. 13:2).

JOSIBIAS — Jehová hace morar (1 Crón. 4:35).

JOSIFIAS — Jehová añade; Jehová aumenta (Esd. 8:10).

JOSUE — Jehová salva (Ex. 17:9).

JOTAM — Jehová es perfecto; Jehová es recto (Jue. 9:5).

JOTBA — agradabilidad; bondad (2 Rey. 21:19).

JOTBATA — agradabilidad; bondad (Núm. 33:33).

JOZABAD — Jehová ha dado; Jehová ha dotado
(2 Rey. 12:21).

JOZABED — Jehová ha dado; Jehová ha dotado (Neh. 8:7).

JUAN — Jehová es benigno (Mat. 3:1).

JUANA — Jehová ha favorecido (Luc. 8:3).

JUBAL — música (?); arroyo (?) (Gén. 4:21).

JUCAL — Jehová es capaz; potente (Jer. 37:3).

JUDA — alabanza (Gén. 29:35).

JUDAS — alabado; celebrado (Mat. 10:4).

JUDEA — alabanza (Esd. 5:8).

JUDIT — judía; la alabada (?) (Gén. 26:34).

JULIA — cabello suave (?) (Rom. 16:15).

JULIO — cabello suave (?) (Hch. 27:1).

JUSAB-HESED — bondad es recompensada (1 Crón. 3:20).

JUSTO — justo; recto (Hch. 1:23).
JUTA — extendido (Jos. 15:55).

K

KEILA — fortaleza (?); cercado (?) (Jos. 15:44).
KELITA — enano (Esd. 10:23).
KEMUEL — asamblea de Dios; levantado por Dios
    (Gén. 22:21).
KENAT — posesión (Núm. 32:42).
KEREN-HAPUC — cuerno de maquillaje (Job 42:14).
KIBROT-HATAAVA — tumbas de los codiciosos
    (Núm. 11:34).
KIBSAIM — dos montones (Jos. 21:22).
KIR — muro; fortaleza (2 Rey. 16:9).
KIR-HARES — fortaleza de ladrillos (Jer. 48:31).
KIR-HARESET — fortaleza de ladrillos (2 Rey. 3:25).

L

LAADA — orden (?) (1 Crón. 4:21).

LAADAN — orden; puesto en orden (1 Crón. 7:26).

LABAN — blanco (Gén. 24:29).

LACUM — obstrucción; fortificación (Jos. 19:33).

LAEL — consagrado a Dios (Núm. 3:24).

LAHAD — opresión; moreno (?) (1 Crón. 4:2).

LAIS — león (Jue. 18:7).

LAMEC — vigoroso (?); poderoso (?) (Gén. 4:18).

LAPIDOT — antorchas (Jue. 4:4).

LAQUIS — impregnable (Jos. 10:3).

LASA — grieta (Gén. 10:19).

LAZARO — Dios ha ayudado (Luc. 16:20).

LEA — fatigada; lánguida (Gén. 29:16).

LEBANA — blanco (Esd. 2:45).

LEBAOT — leonas (Jos. 15:32).

LEBEO — valiente, cordial (Mat. 10:3).

LEBONA — incienso (Jue. 21:19).

LECA — viaje (1 Crón. 4:21).

LEHEM — pan (1 Crón. 4:22).

LEHI — quijada (Jue. 15:9).

LEMUEL — consagrado a Dios (Prov. 31:1).

LESEM — piedra preciosa (Jos. 19:47).

LETUSIM — oprimido; martillado (Gén. 25:3).

LEUMIM — naciones (Gén. 25:3).

LEVI — juntado; adhesión (?) (Gén. 29:34).

LEVITICO — perteneciente a los levitas.

LIBANO — blanco (Deut. 1:7).

LIBIOS — pueblo de tierra seca (?) (2 Crón. 12:3).

LIBNA — blancura (Núm. 33:20).

LIBNI — blanco (Ex. 6:17).
LICAONIA — tierra de lobos (?) (Hch. 14:6).
LICIA — lobo (?) (Hch. 27:5).
LIKHI — instruido (2 Crón. 7:19).
LINO — lino (2 Tim. 4:21).
LISANIAS — tristeza terminada (Luc. 3:1).
LO-AMMI — no pueblo mío (Os. 1:9).
LO-RUHAMA — no compadecida (Os. 1:6).
LODEBAR — sin pasto (2 Sam. 9:4).
LOT — cubierta (Gén. 11:27).
LOTAN — cubierta (Gén. 36:20).
LUCERO — lucero (Is. 14:12).
LUCIO — de luz (Hch. 13:1).
LUHIT — hecho de tablas (Is. 15:5).
LUZ — almendro (Gén. 28:19).

M

MAACA — opresión (Gén. 22:24).

MAADIAS — ornamento de Jehová (Neh. 12:5).

MAAI — compasión; compasivo (Neh. 12:36).

MAALA — enfermedad (Núm. 26:33).

MAARAT — desolación (Jos. 15:59).

MAASEIAS — obra de Jehová (Neh. 12:41).

MAASIAS — (1) obra de Jehová (2 Crón. 15:18); (2) refugio de Jehová (en Jer. 32:12 y 51:59).

MAAT — pequeño (?) (Luc. 3:26).

MAAZ — enojo (1 Crón. 2:27).

MAAZIAS — fuerza de Jehová (?) (1 Crón. 24:18).

MACAZ — fin (1 Rey. 4:9).

MACBANAI — grueso (?); manto (?) (1 Crón. 12:13).

MACEDA — lugar de pastores (Jos. 10:10).

MACELOT — asambleas (Núm. 33:25).

MACNADEBAI — dádiva del noble (?) (Esd. 10:40).

MACPELA — doble (Gén. 23:9).

MACTES — almirez (Sof. 1:11).

MADAI — ornamento de Jehová (Gén. 10:2).

MADIAN — contienda; rencilla (Gén. 25:2).

MADMANA — muladar (Jos. 15:31).

MADMENA — muladar (Is. 10:31).

MADON — contienda; rencilla (Jos. 11:1).

MAGDALA — torre (Mat. 15:39).

MAGDALENA — de Magdala (*torre*) (Mat. 27:56).

MAGDIEL — alabanza de Dios (Gén. 36:43).

MAGOR-MISABIB — terror por todas partes (Jer. 20:3).

MAGPIAS — el que mata polilla (Neh. 10:20).

MAHALA — enfermedad (1 Crón. 7:18).

MAHALALEEL — alabanza de Dios (Gén. 5:12).

MAHALAT — enfermedad (?); instrumento de música (?) (Gén. 28:9).

MAHANAIM — dos campeonatos (Gén. 32:2).

MAHARAI — apresurado; impetuoso (2 Sam. 23:28).

MAHAT — agarrando (1 Crón. 6:35).

MAHAZIOT — visiones (1 Crón. 25:4).

MAHER-SALAL-HASBAZ — el despojo se apresura, la presa se precipita (Is. 8:1).

MAHLI — enfermiza, enfermo, débil (Ex. 6:19).

MAHLON — enfermizo; enfermo (Rut. 1:2).

MAHOL — danzando; danza (1 Rey. 4:31).

MALAQUIAS — mi mensajero; mensajero de Jehová (Mal. 1:1).

MALCAM — el rey de ellos (1 Crón. 8:9).

MALCO — rey; gobernando; consejero (?) (Juan 18:10).

MALOTI — plenitud (?) (1 Crón. 25:4).

MALQUIAS — Jehová es rey (1 Crón. 6:40).

MALQUIEL — Dios es rey (Gén. 46:17).

MALQUIRAM — (mi) rey es enaltecido (1 Crón. 3:18).

MALQUISUA — rey de ayuda; rey es ayuda; rey de altura (1 Sam. 14:49).

MALUC — gobernando; consejero (1 Crón. 6:44).

MAMRE — fuerza; vigor (Gén. 13:18).

MANAEN — consolador (Hch. 13:1).

MANAHAT — descanso (Gén. 36:23).

MANAHEM — consolador (2 Rey. 15:14).

MANASES — el que hace olvidar (Gén. 41:51).

MANOA — descanso (Jue. 13:2).

MAOC — oprimido; opresión (1 Sam. 27:2).

MAON — morada (Jos. 15:55).

MAQUIR — vendido (Gén. 50:23).

MARA — (1) amargura (Ex. 15:23); (2) amarga (solamente en Rut. 1:20).

MARALA — temblando (Jos. 19:11).

MARDOQUEO — hombre pequeño (?) (Esd. 2:2).

MARESA — cumbre; posesión (?); capital (?) (Jos. 15:44).

MARIA — amargura; rebelión (Ex. 15:20).

MAROT — amargura (Miq. 1:12).

MARSENA — digno (?) (Est. 1:14).

MARTA — dama (Luc. 10:38).

MASAH — prueba; tentación (Ex. 17:7).

MASAI — obra de Jehová (1 Crón. 9:12).

MASAL — súplica (1 Crón. 6:74).

MASRECA — viña (Gén. 36:36).

MASSA — carga (Gén. 25:14).

MATAN — dádiva (2 Rey. 11:18).

MATANA — dádiva (Núm. 21:18).

MATANIAS — dádiva de Jehová (2 Rey. 24:17).

MATAT — dádiva (Luc. 3:24).

MATATA — dádiva (Esd. 10:33).

MATATIAS — dádiva de Jehová (1 Crón. 9:31).

MATENAI — liberal (Esd. 10:33).

MATEO — dádiva de Jehová (Mat. 9:9).

MATIAS — dádiva de Jehová (Hch. 1:23).

MATRED — propulsando (Gén. 36:39).

MATRI — lluvioso (1 Sam. 10:21).

MATUSALEN — hombre del dardo (Gén. 5:21).

MEBUNAI — edificado (2 Sam. 23:27).

MECONA — base; fundamento (Neh. 11:28).

MEDAD — amor (Núm. 11:26).

MEDAN — contienda (Gén. 25:2).

MEDEBA — aguas de quietud (Núm. 21:30).

MEFAAT — hermosura (?) (Jos. 13:18).

MEFI-BOSET — que destruye vergüenza (2 Sam. 4:4).

MEGUIDO — lugar de tropas (Jos. 12:21).

MEHARA — cueva (Jos. 13:4).

MEHETABEL — Dios bendice; Dios hace bien (Gén. 36:39).

MEHIDA — unión (Esd. 2:52).

MEHIR — precio (2 Crón. 4:11).

MEHUJAEL — herido por Dios (Gén. 4:18).

MEHUMAN — fiel (Est. 1:10).

MEJARCON — aguas amarillas (Jos. 19:46).

MELATIAS — Jehová liberta (Neh. 3:7).

MELEA — plenitud (Luc. 3:31).

MELEC — rey (1 Crón. 8:35).

MELICU — gobernando; consejero (Neh. 12:14).

MELQUI — mi rey (Luc. 3:24).

MELQUISEDEC — rey de justicia (Gén. 14:18).

MELSAR — mayordomo (Dan. 1:11).

MENFIS — lugar del bueno (?) (Is. 19:13).

MENUHA — sin ruido ni tumulto; con facilidad (Jue. 20:43).

MEONOTAI — mis moradas (1 Crón. 4:14).

MERAB — aumento (1 Sam. 14:49).

MERAIAS — rebelión (Neh. 12:12).

MERAIOT — rebelde (1 Crón. 6:6).

MERARI — amargo (Gén. 46:11).

MERATAIM — doble rebelión; dos rebeliones (Jer. 50:21).

MERED — rebelión (1 Crón. 4:17).

MEREMOT — alturas (Esd. 8:33).

MERES — digno (Est. 1:14).

MERIB-BAAL — contendedor contra baal (1 Crón. 8:34).

MERIBA — rencilla (Ex. 17:7).

MERODAC — intrépido (?) (Jer. 50:2).

MERODAC-BALADAN — Merodac (*intrépido ?*) dio hijo (2 Rey. 20:12).

MEROM — altura (Jos. 11:5).

MEROZ — asilo; refugio (Jue. 5:23).

MESA — seguridad (?) (solamente en 2 Rey. 3:4 y 1 Crón. 2:42).

MESELEMIAS — Jehová recompensa (1 Crón. 9:21).

MESEZABEEL — libertado por Dios (Neh. 3:4).

MESIAS — ungido (Dan. 9:25).

MESILEMIT — recompensa (1 Crón. 9:12).

MESILEMOT — recompensas (2 Crón. 28:12).

MESOBAB — devuelto; restaurado (1 Crón. 4:34).

MESOPOTAMIA — entre los ríos (Gén. 24:10).

MESULAM — amigo; aliado (2 Rey. 22:3).

MESULEMET — amiga (2 Rey. 21:19).

METAG-AMA — brida (o freno) de Ama (*metrópoli o ciudad madre*) (2 Sam. 8:1).

METUSAEL — hombre de Dios (Gén. 4:18).

MEUNIM — morada (?) (Esd. 2:50).

MEZAAB — agua de oro (Gén. 36:39).

MIBHAR — selecto; escogido (1 Crón. 11:38).

MIBSAM — olor fragante (Gén. 25:13).

MIBZAR — fortaleza (Gén. 36:42).

MICAEL — ¿(quién es) semejante a Dios? (Núm. 13:13).

MICAIA — ¿(quién es) semejante a Jehová? (Jue. 17:1).

MICAIAS — ¿(quién es) semejante a Jehová? (1 Rey. 22:8).

MICAL — arroyo (1 Sam. 14:49).

MICLOT — varas; cayados (1 Crón. 8:32).

MICMAS — escondido (1 Sam. 13:2).

MICMETAT — escondite (Jos. 16:6).

MICNIAS — posesión de Jehová (1 Crón. 15:18).

MICRI — precioso (?) (1 Crón. 9:8).

MIDIN — medidas; extensiones (?) (Jos. 15:61).

MIGDAL-EDAR — torre del rebaño (Gén. 35:21).

MIGDAL-EL — torre de Dios (Jos. 19:38).

MIGDAL-GAD — torre de Gad (*fortuna*) (Jos. 15:37).

MIGDOL — torre (Ex. 14:2).

MIGRON — precipicio, echado abajo (?) (1 Sam. 14:2).

MIGUEL — ¿(quién es) semejante a Dios? (Dan. 10:13).

MIJAMIN — de la mano derecha (1 Crón. 24:9).

MILALAI — elocuente (Neh. 12:36).

MILCA — consejo; reina (Gén. 11:29).

MILCOM — el rey de ellos (1 Rey. 11:5).

MILO — plenitud; baluarte (?) (Jue. 9:6).

MINIAMIN — de la mano derecha (2 Crón. 31:15).

MINIT — dado (?); repartimiento (?) (Jue. 11:33).

MIQUEAS — ¿(quién es) semejante a Jehová? (Jer. 26:18).

MIRMA — engaño (1 Crón. 8:10).

MISAEL — ¿quién es lo que es Dios? (Ex. 6:22).

MISEAL — petición; oración (Jos. 19:26).

MISGAB — fortaleza alta; altura (Jer. 48:1).

MISMA — audición (Gén. 25:14).

MISMANA — gordura (1 Crón. 12:10).

MISPAR — número; enumeración (Esd. 2:2).

MISPERET — enumeración (Neh. 7:7).

MISREFOT-MAIM — abrasamientos de las aguas (Jos. 11:8).

MITCA — dulzura (Núm. 33:28).

MIZA — terror; temor (Gén. 36:13).

MIZAR — pequeño (Sal. 42:6).

MIZPA — atalaya (Gén. 31:49).

MNASON — recordando (?) (Hch. 21:16).

MOAB — del padre (Gén. 19:37).

MOADIAS — fiesta o asamblea de Jehová (Neh. 12:17).

MOISES — sacado de las aguas (Ex. 2:10).

MOLADA — nacimiento (Jos. 15:26).

MOLID — engendrador (1 Crón. 2:29).

MOLOC — rey (Lev. 18:21).
MORE — maestro (Gén. 12:6).
MORESET — posesión (Jer. 26:18).
MORESET-GAT — posesión de Gat (*lagar*) (Miq. 1:14).
MORIAH — Jehová provee (Gén. 22:2).
MOSA — fuente (?); manando (?) (1 Crón. 2:46).
MOSERA — coyunda; prisiones (Deut. 10:6).
MOSEROT — coyundas; prisiones (Núm. 33:30).
MOZALI — fuerte (?); manando (?) (Jos. 18:26).

N

Naalal — pasto (Jos. 19:15).

Naam — agrado; satisfacción (1 Crón. 4:15).

Naama — agrado; satisfacción; agradable (Gén. 4:22).

Naaman — agrado; satisfacción; agradable (Gén. 46:21).

Naara — muchacha (1 Crón. 4:5).

Naarai — joven; juvenil (1 Crón. 11:37).

Naaran — muchacha (1 Crón. 7:28).

Naarat — muchacha (Jos. 16:7).

Naason — encantador (Ex. 6:23).

Nabal — insensato (1 Sam. 25:3).

Nabat — mirada; aspecto (1 Rey. 11:26).

Nabot — frutos (1 Rey. 21:1).

Nacon — preparado (2 Sam. 6:6).

Nacor — roncando; roncador (Gén. 11:22).

Nadab — liberal (Ex. 6:23).

Nafis — refrigerio (Gén. 25:15).

Nagai — brillante; esplendor (Luc. 3:25).

Nahaliel — valle (de torrente) de Dios (Núm. 21:19).

Naham — consolación (1 Crón. 4:19).

Nahamani — compasivo; consolador (Neh. 7:7).

Naharai — roncando; roncador (2 Sam. 23:37).

Nahas — serpiente (1 Sam. 11:1).

Nahat — reposo (Gén. 36:13).

Nahbi — escondido (Núm. 13:14).

Nahum — consolador; consolación (Neh. 1:1).

Nain — deleitoso; pasto (?) (Luc. 7:11).

Naiot — moradas (1 Sam. 19:18).

Narciso — narciso; flor que entorpece (Rom. 16:11).

Natan — dádiva; él dio (2 Sam. 5:14).

NATAN-MELEC — el rey dio (2 Rey. 23:11).

NATANAEL — dádiva de Dios (Núm. 1:8).

NAZAREO — separado; consagrado (Núm. 6:2).

NAZARAT — vástago (Mat. 2:23).

NEA — declive (Jos. 19:13).

NEAPOLIS — nueva ciudad (Hch. 16:11).

NEARIAS — siervo de Jehová (1 Crón. 3:22).

NEBAI — fructífero (Neh. 10:19).

NEBAIOT — alturas (Gén. 25:13).

NEBO — elevado; pregonero (Núm. 32:3).

NECODA — manadero (Esd. 2:48).

NEDABIAS — Jehová impele; Jchová es generoso
   (1 Crón. 3:18).

NEFEG — renuevo (Ex. 6:21).

NEFISESIM — expansiones (Neh. 7:52).

NEFTALI — (mi) lucha (Gén. 30:8).

NEFTOA — abierto (Jos. 15:9).

NEFUSIM — expansiones (Esd. 2:50).

NEHELAM — soñó (?) (Jer. 29:24).

NEHEMIAS — Jehová consuela; consolación de Jehová
   (Esd. 2:2).

NEHUM — consolado; consuelo (Neh. 7:7).

NEHUSTA — bronce (2 Rey. 24:8).

NEHUSTAN — (cosa) de bronce (2 Rey. 18:4).

NEIEL — morada de Dios; movido por Dios (?)
   (Jos. 19:27).

NEMUEL — día de Dios (Núm. 26:9).

NER — luz; lámpara (2 Sam. 14:50).

NERI — luz (o lámpara) de Jehová (Luc. 3:27).

NERIAS — luz (o lámpara) de Jehová (Jer. 32:12).

NETANIAS — Jehová dio (2 Rey. 25:23).

NETOFA — destilación; acción de gotear (Esd. 2:22).

NEZIA — ilustre; preeminente (Esd. 2:54).

NEZIB — ídolo (?) guarnición (?) (Jos. 15:43).

NIBSAN — tierra liviana (?) (Jos. 15:62).

NICANOR — conquistador (Hch. 6:5).

NICODEMO — victorioso (entre el pueblo) (Jn. 3:1).

NICOLAITAS — seguidores de Nicolás (*conquistador sobre el pueblo*) (Apoc. 2:6).

NICOLAS — conquistador sobre el pueblo (Hch. 6:5).

NICOPOLIS — ciudad de victoria (Tit. 3:12).

NIGER — negro (Hch. 13:1).

NILO — negro; turbio (Is. 23:3).

NIMRA — agua cristalina (Núm. 32:3).

NIMRIM — aguas cristalinas (Is. 15:6).

NIMROD — valiente, poderoso (Gén. 10:8).

NIMSI — sacado (1 Rey. 19:16).

NINFAS — novio (?) (Col. 4:15).

NISROC — aguila (?) (2 Rey. 19:37).

NOA — movimiento (Núm. 26:33).

NOADIAS — Jehová convoca (Esd. 8:33).

NOB — altura (1 Sam. 21:1).

NOBA — ladrido (Núm. 32:42).

NOD — huída; peregrinación (Gén. 4:16).

NODAB — nobleza; noble (1 Crón. 5:19).

NOE — descanso; consuelo (Gén. 5:29).

NOEMI — delicia; mi deleite (Rut. 1:2).

NOFA — golpe de viento (Núm. 21:30).

NOGA — resplandeciente; brillantez (1 Crón. 3:7).

NOHA — descanso (1 Crón. 8:2).

NUMEROS — enumeración.

NUN — pez; continuación (?) (Ex. 33:11).

O

OBADIAS — siervo de Jehová; adorador de Jehová
(1 Crón. 7:3).

OBED — sirviendo (Rut. 4:17). (pero no en 2 Crón.
15:1, 8 y 28:9).

OBED-EDOM — sirviendo; (siervo de) Edom (*rojo*)
(2 Sam. 6:10).

OBIL — camellero (1 Crón. 27:30).

OBOT — odres (Núm. 21:10).

OCOZIAS — Jehová ha agarrado; Jehová ha poseído
(1 Rey. 22:44).

OCRAN — afligido; él que aflige (Núm. 1:13).

OFEL — collado (2 Crón. 33:14).

OFNI — (1) pugilista (1 Sam. 1:3); (2) hombre del
collado (?); enmohecido (?) (solamente en Jos. 18:24).

OFRA — cervato (Jos. 18:23).

OG — redondo (?) (Núm. 21:33).

OHAD — unión (?); poder (?) (Gén. 46:10).

OHEL — tienda; carpa (1 Crón. 3:20).

OMAR — elocuente; locuaz (Gén. 36:11).

ON — (1) fuerza (Núm. 16:1); (2) sol (en Gén. 41:45,
50 y 46:20).

ONAM — fuerza; fuerte (Gén. 36:23).

ONAN — fuerza; fuerte (Gén. 38:4).

ONESIFORO — trayendo provecho (2 Tim. 1:16).

ONESIMO — útil; provechoso (Col. 4:9).

ONO — fuerte (1 Crón. 8:12).

OREB — cuervo (Jue. 7:25).

OREN — pino; fresno (1 Crón. 2:25).

ORFA — crin (Rut. 1:4).
ORNAN — fuerte (?) (1 Crón. 21:15).
OSAIAS — Jehová ha salvado (Neh. 12:32).
OSEAS — salvación (Núm. 13:8).
OTNI — Jehová es fuerza; poderoso (1 Crón. 26:7).
OTONIEL — Dios es (mi) fuerza; el poderoso de Dios
    (Jos. 15:17).
OZEM — fuerza (1 Crón. 2:15).
OZNI — atento (Núm. 26:16).

P

PAARAI — abierto (?) (2 Sam. 23:35).
PABLO — pequeño (Hch. 13:9).
PADAN-ARAM — llanura de Aram (*altura*) (Gén. 25:20).
PADON — redención; rescate (Esd. 2:44).
PAGIEL — encuentro con Dios (Núm. 1:13).
PAHAT-MOAB — gobernador de Moab (*del padre*);
    (Esd. 2:6).
PAI — balido; gritería (1 Crón. 1:50).
PALAL — juez (Neh. 3:25).
PALTI — libertado; liberación de Jehová (Núm. 13:9).

PALTIEL — Dios libertad (Núm. 34:26).

PANFILIA — toda tribu o raza (?) (Hch. 2:10).

PARA — novilla (Jos. 18:23).

PARAN — lugar de cuevas (Gén. 14:6).

PARMASTA — superior (?) (Est. 9:9).

PARMENAS — constante; fiel (Hch. 6:5).

PAROS — una pulga (Esd. 2:3).

PARUA — florecimiento (?); aumento (?) (1 Rey. 4:17).

PARVAIM — el oriente (?) (2 Crón. 3:6).

PAS-DAMIM — límite (o cesación) de sangre (?)
    (1 Crón. 11:13).

PASAC — dividir; repartidor (1 Crón. 7:33).

PASEAH — cojo (1 Crón. 4:12).

PASUR — prosperidad; liberación (1 Crón. 9:12).

PATROBAS — paternal (?) (Rom. 16:14).

PAU — balido; gritería (Gén. 36:29).

PAULO — pequeño (Hch. 13:7).

PECOD — visitación (Jer. 50:21).

PEDAEL — Dios salva; Dios liberta (Núm. 34:28).

PEDAIAS — Jehová ha salvado; Jehová ha libertado
    (2 Rey. 23:36).

PEDASUR — roca salva; roca liberta (Núm. 1:10).

PEDRO — piedra; roca (Mat. 4:18).

PEKA — alerta (2 Rey. 15:25).

PEKAIA — Jehová ha observado; Jehová ha abierto los ojos
    (2 Rey. 15:22).

PELAIA — Jehová ha distinguido; Jehová ha honrado
    (Neh. 8:7).

PELAIAS — Jehová ha distinguido; Jehová ha honrado
    (1 Crón. 3:24).

PELALIAS — Jehová ha juzgado; Jehová juzga
    (Neh. 11:12).

Pelatias — Jehová ha libertado; Jehová ha salvado; Jehová liberta (1 Crón. 3:21).

Peleg — división (Gén. 10:25).

Pelet — (1) liberación (Núm. 16:1); (2) velocidad; huída (?) (en 1 Crón. 2:47 y 12:3).

Peniel — el rostro de Dios (Gén. 32:30).

Penina — coral (1 Sam. 1:2).

Pentecostes — (día) cincuenta (Hch. 2:1).

Penuel — el rostro de Dios (1 Rey. 12:25).

Peor — rajadura (Núm. 23:28).

Perazim — brechas; divisiones (Is. 28:21).

Peres — (1) dividido (Dan. 5:28); (2) estiércol (?); distinción (?) (en 1 Crón. 7:16).

Perez-uza — el quebrantamiento (o la brecha. de Uza (*fuerza*) (2 Sam. 6:8).

Pergamo — ciudadela (?) (Apoc. 1:11).

Perida — grano (DE MAIZ) (Neh. 7:57).

Peruda — grano (DE MAIZ) (Esd. 2:55).

Petahias — Jehová ha libertado; Jehová liberta; Jehová ha abierto (?); Jehová abre (?) (1 Crón. 24:16).

Petuel — engrandecido de Dios (?) (Joel 1:1).

Pelutai — industrioso (?); paga de Dios (?) (1 Crón. 26:5).

Pi-hahirot — lugar de juncia (?) (Ex. 14:2).

Pilato — armado con una jabalina (Mat. 27:2).

Pildas — llama de fuego (?) (Gén. 22:22).

Pilha — tajada (?) (Neh. 10:24).

Piltai — liberación (Neh. 12:17).

Pinon — oscuridad (?) (Gén. 36:41).

Piraton — caudillo (Jue. 12:15).

Piream — salvaje (Jos. 10:3).

Pisga — parte (?); división (?) (Núm. 21:20).

Pison — arroyo (?); fluyendo (?) (Gén. 2:11).

PISPA — expansión (1 Crón. 7:38).

PLEYADES — agrupación (Job 9:9).

PONTO — el mar (Hch. 2:9).

POQUERET-HAZEBAIM — trampa de gacelas (Esd. 2:57).

POTIFER — que pertenece a Ra (*Dios del sol*)
    (Gén. 37:36).

POTIFERA — que pertenece a Ra (*Dios del sol*)
    (Gén. 41:45).

PRISCA — anciana (2 Tim. 4:19).

PRISCILA — anciana (Hch. 18:2).

PROCORO — director del coro (Hch. 6:5).

PUBLIO — común (?) (Hch. 28:7).

PUDENTE — modesto (2 Tim. 4:21).

PUNON — oscuridad (Núm. 33:42).

PUR — (echar) suerte (Est. 3:7).

PURIM — (echar) suertes (Est. 9:26).

PUTELOI — pozos (Hch. 28:13).

Q

QUEBAR — grande (?) (Ez. 1:1).

QUEFAR-HAAMONI — aldea de los Amonitas (*paisanos*)
    (Jos. 18:24).

QUELAL — completo; complemento (Esd. 10:30).

QUELION — languidez (Rut. 1:2).

QUELUB — canasta (1 Crón. 4:11).

QUELUBAI — perro; impetuoso (1 Crón. 2:9).

QUELUHI — completado (?); fuerte (?) (Esd. 10:35).

QUEMOS — subyugador; fuego (?) (Núm. 21:29).

QUENAANA — (terreno) bajo; humillación (?)
    (1 Rey. 22:11).

Quenani — firme (?) (Neh. 9:4).

Quenanias — Jehová es firme (?) (1 Crón. 15:22).

Queriot — ciudades (Jos. 15:25).

Querit — desfiladero (1 Rey. 17:3).

Quesil — necio; gordo (?) (Jos. 15:30).

Quesulot — gordura; lomos (?) (Jos. 19:18).

Quezib — engañoso; mentira (Gén. 38:5).

Quidon — jabalina (1 Crón. 13:9).

Quimam — anhelo; languidez (2 Sam. 19:37).

Quiriat — ciudad (Jos. 18:28).

Quiriat-arba — la ciudad de Arba (los cuatro ?)
(Gén. 23:2).

Quiriat-baal — la ciudad de Baal (Jos. 15:60).

Quiriat-huzot — la ciudad de calles (Núm. 22:39).

Quiriat-jearim — la ciudad de los bosques (Jos. 9:17).

Quiriat-sana — ciudad de palmeras; ciudad de escribas
(Jos. 15:49).

Quiriat-sefer — ciudad del libro; ciudad de los libros
(Jos. 15:15).

Quiriatim — ciudad doble; dos ciudades (Núm. 32:37).

Quisi — arco de Jehová (?) (1 Crón. 6:34).

Quision — duro; dureza (Jos. 19:20).

Quislon — esperanza; fuerza; confianza (?)
(Núm. 34:21).

Quislot-tabor — costados de Tabor (altura)
(Jos. 19:12).

Quitlis — fortificado (?) (Jos. 15:40).

Quitron — ardiendo (Jue. 1:30).

Quiun — imagen; estatua (Amós 5:26).

R

RAAMA — temblor (Gén. 10:7).

RAAMIAS — temblando ante Jehová; Jehová hace temblar (Neh. 7:7).

RABA — grande (Deut. 3:11).

RABI — mi maestro (Mat. 23:7).

RABIT — multitud; populosa (Jos. 19:20).

RABMAG — mago principal (Jer. 39:3).

RABONI — mi maestro (Juan 20:16).

RABSACES — copero principal; oficial (militar) principal (2 Rey. 18:17).

RABSARIS — eunuco principal (2 Rey. 18:17).

RACAL — tráfico; comercio (1 Sam. 30:29).

RACAT — orilla; ribera (Jos. 19:35).

RACON — delgadez (?) (Jos. 19:46).

RADAI — subyugar; sujetar (1 Crón. 2:14).

RAFA — gigante (1 Crón. 8:2).

RAFAEL — Dios sana; Dios ha sanado (1 Crón. 26:7).

RAFU — sanado (Núm. 13:9).

RAGAU — amigo (Luc. 3:35).

RAGUEL — amigo de Dios (Núm. 10:29).

RAHAB — (1) ancho (Jos. 2:1); (2) violencia (en Sal. 87:4, 89:10, e Is. 51:9).

RAHAM — compasión (1 Crón. 2:44).

RAM — alto; elevado (Rut. 4:19).

RAMA — altura (Jos. 18:25).

RAMAT — lugares altos; alturas (Jos. 19:8).

RAMAT-LEHI — colina o altura de Lehi (quijada) (Jue. 15:17).

Ramat-mizpa — lugar alto o altura de Mizpa (*atalaya*)
(Jos. 13:26).

Ramataim — doble alturas; dos alturas (1 Sam. 1:1).

Rameses — hijo del sol (?) (Gén. 47:11).

Ramia — Jehová es enaltecido (Esd. 10:25).

Ramot — alturas (Deut. 4:43).

Raquel — oveja (Gén. 29:6).

Reaia — Jehová ha visto (1 Crón. 4:2).

Reba — cuarta parte (Núm. 31:8).

Rebeca — lazo corredizo; tender lazo (Gén. 22:23).

Reca — lado (1 Crón. 4:12).

Recab — jinete (2 Sam. 4:2).

Reelaias — Jehová hace temblar (Esd. 2:2).

Refa — riquezas (1 Crón. 7:25).

Refaias — Jehová ha sanado (1 Crón. 3:21).

Refaim — gigantes; fuerte (?) (Jos. 15:8).

Refidim — sostén (?); soporte (?) (Ex. 17:1).

Regem — amigo (1 Crón. 2:47).

Regem-melec — amigo del rey (Zac. 7:2).

Regio — brecha (?) (Hch. 28:13).

Rehabias — Jehová ha engrandecido; Jehová engrandece
(1 Crón. 23:17).

Rehob — lugar espacioso; extensión; calle (Núm. 13:21).

Rehobot — lugares espaciosos; extensiones (Gén. 10:11).

Rehum — compasivo; misericordioso (Esd. 2:2).

Rei — amigable (1 Rey. 1:8).

Remalias — Jehová ha adornado; Jehová adorna
(2 Rey. 15:25).

Remet — altura; lugar alto (Jos. 19:21).

Requem — (los colores) combinados; matizado
(Núm. 31:8).

Resef — (1) piedra candente; carbon encendido (2 Rey.
19:12); (2) llama de fuego (en 1 Crón. 7:25).

RESEN — brida (Gén. 10:12).

REU — amigo (Gén. 11:18).

REUEL — amigo de Dios (Gén. 36:4).

REUMA — elevada (Gén. 22:24).

REZIA — deleite (1 Crón. 7:39).

REZIN — amigo (?) (2 Rey. 15:37).

REZON — príncipe (1 Rey. 11:23).

RIBAI — contencioso (2 Sam. 23:29).

RIBLA — fertilidad; fecundidad (Núm. 34:11).

RIMON — granada (Jos. 15:32).

RIMON-PERES — granada de la brecha; granada de la grieta (Núm. 33:19).

RINA — un grito (1 Crón. 4:20).

RISSA — ruina (Núm. 33:21).

RITMA — retama (Núm. 33:18).

RIZPA — carbón encendido; piedra candente (2 Sam. 3:7).

ROBOAM — él (o Jehová) engrandece el pueblo (1 Rey. 11:43).

RODAS — rosa (Hch. 21:1).

RODE — rosa (Hch. 12:13).

ROGEL — batanero (Jos. 15:7).

ROGELIM — bataneros (2 Sam. 17:27).

ROHGA — clamor (1 Crón. 7:34).

ROMA — fuerza (Hch. 18:2).

ROMANTI-EZER — he levantado una ayuda (1 Crón. 25:4).

ROS — cabeza; caudillo (Gén. 46:21).

RUBEN — Ved, un hijo (Gén. 29:32).

RUFO — rojo (Mar. 15:21).

RUHAMA — compadecida (Os. 2:1).

RUMA — (lugar) alto; altura (2 Rey. 23:36).

RUT — amiga; amistad (Rut. 1:4).

S

SAALABIN — zorrera; cueva o lugar de zorras (Jos. 19:42).

SAALBIM — zorrera; cueva o lugar de zorras (Jue. 1:35).

SAALIM — zorras (1 Sam. 9:4).

SAARAIM — dos puertas (Jos. 15:36).

SAASGAZ — siervo del bello; siervo de belleza (Est. 2:14).

SABA — siete (?); juramento (?) (1 Rey. 10:1).

SABETAI — nacido el sábado (Esd. 10:15).

SACAR — recompensa; jornal (1 Crón. 11:35).

SADOC — justo (2 Sam. 8:17).

SADUCEOS — de Sadoc (justo) (Mat. 3:7).

SAF — umbral (2 Sam. 21:18).

SAFAN — conejo (2 Rey. 22:3) (pero no en 1 Crón. 5:12).

SAFAT — juez; él ha juzgado (Núm. 13:5).

SAFIR — hermosa (Miq. 1:11).

SAFIRA — hermosa (Hch. 5:1).

SAGE — errante (1 Crón. 11:34).

SAHARAIM — doble alba; dos albas (1 Crón. 8:8).

SAHAZIMA — lugares altos; alturas (Jos. 19:22).

SALA — renuevo (Gén. 10:24).

SALAF — fractura (?); herida (?) (Neh. 3:30).

SALAI — cestero (?) (Neh. 11:8).

SALATIEL — he pedido a Dios (1 Crón. 3:17).

SALCA — peregrinación (?) (Deut. 3:10).

SALEM — paz (Gén. 14:18).

SALEQUET — echando fuera; talando (1 Crón. 26:16).

SALIM — paz; apacible (Juan 3:23).

SALISA — tierra triple (?) (1 Sam. 9:4).

SALMA — vestidura (1 Crón. 2:51).

SALMON — (1) vestidura (Jue. 9:48); (2) sombreado (en Sal. 68:14).

SALMOS — el "Libro de las Alabanzas" (EN HEBREO).

SALOME — paz (Mar. 15:40).

SALOMON — paz; apacible (2 Sam. 5:14).

SALU — pesado; exaltado (?) (1 Crón. 9:7).

SALUM — retribución; recompensa (?) (2 Rey. 15:10).

SAMA — (1) desolación (Gén. 36:13); (2) oyendo (en 1 Crón. 11:44).

SAMAI — desolación; desolado (1 Crón. 2:28).

SAMAQUIAS — Jehová sostiene (1 Crón. 26:7).

SAMARIA — atalaya; miradero (1 Rey. 13:32).

SAMGAR — copero (?) (Jue. 3:31).

SAMHUT — desolación (1 Crón. 27:8).

SAMIR — espina (Jos. 15:48) (pero no en 1 Crón. 24:24).

SAMLA — vestidura (Gén. 36:36).

SAMOS — altura (Hch. 20:15).

SAMOT — desolaciones (1 Crón. 11:27).

SAMUA — famoso; fama (Núm. 13:4).

SAMUEL — oído de Dios; Dios ha oído (1 Sam. 1:20).

SANBALAT — El dios-luna da vida (?) (Neh. 2:10).

SANSANA — rama de palmera (Jos. 15:31).

SANSON — semejante al sol; fuerte (?) (Jue. 13:24).

SANTIAGO — suplantador (Stg. 1:1).

SARA — princesa (Gén. 17:15).

SARAF — ardiente (1 Crón. 4:22).

SARAI — Jehová liberta; libre (solamente en Esd. 10:40).

SARAR — firme (?) (2 Sam. 23:33).

SAREPTA — (lugar de) refinación (1 Rey. 17:9).

SAREZER — proteja al rey (2 Rey. 19:37).

SARGON — él establece al rey (?) (Is. 20:1).

SARID — sobreviviente (Jos. 19:10).

SARON — llanura (Jos. 12:18).

SARSEQUIM — principal de los eunucos (?) (Jer. 39:3).

SARUHEN — morada de deleite (?) (Jos. 19:6).

SASAI — blanquizco —(Esd. 10:40).

SATANAS — adversario (1 Crón. 21:1).

SAUL — pedido (Gén. 36:37).

SAULO — pedido (Hch. 7:58).

SAVE — llanura (Gén. 14:17).

SAVE-QUIRIATAIM — llanura de la doble ciudad
(Gén. 14:5).

SEAL — pedido; petición (Esd. 10:29).

SEAR-JASUB — un remanente volverá (Is. 7:3).

SEARIAS — Jehová estima (?) (1 Crón. 8:38).

SEBA — siete; juramento (?) (Gén. 10:7).

SEBAM — fragancia; bálsamo (Núm. 32:3).

SEBANIAS — Jehová ha hecho crecer; Jehová ha criado
(1 Crón. 15:24).

SEBARIM — ruinas; brechas (Jos. 7:5).

SEBER — rotura; brecha (1 Crón. 2:48).

SEBNA — joven; juventud (2 Rey. 18:18).

SEBOIM — gacelas; hienas, (Neh. 11:34).

SEBUEL — cautivo de Dios (1 Crón. 23:16).

SECACA — cercado; vallado (Jos. 15:61).

SECANIAS — Jehová ha morado (1 Crón. 3:21).

SECU — atalaya; miradero (1 Sam. 19:22).

SEDEQUIAS — justicia de Jehová (1 Rey. 22:11).

SEDEUR — el que envía luz (Núm. 1:5).

SEERA — parienta (1 Crón. 7:24).

SEFAR — enumeración (Gén. 10:30).

SEFAT — atalaya; miradero (Jue. 1:17).

SEFATA — atalaya; miradero (2 Crón. 14:10).

SEFATIAS — Jehová juzga; Jehová ha juzgado
(2 Sam. 3:4).

SEFELA — valle (1 Rey. 10:27).

Sefer — hermosura (?); agrado (?) (Núm. 33:23).

Sefo — calvez (Gén. 36:23).

Sefora — pájaro; gorrión (Ex. 2:21).

Sefufan — serpiente (1 Crón. 8:5).

Segub — elevado; exaltado (1 Rey. 16:34).

Segundo — segundo (Hch. 20:4).

Seharias — Jehová ha buscado; Jehová busca; Jehová es el alba (?) (1 Crón. 8:26).

Sehon — barriendo (Núm. 21:21).

Seir — áspero; velludo (Gén. 14:6).

Seirat — arbolado; áspero (?) (Jue. 3:26).

Sela — (1) roca (Jue. 1:36); (2) oración; petición (en Gén. 38:5, 11, 14, 26; 46:12; Núm. 26:20; 1 Crón. 2:3; 4:21); (3) renuevo (en 1 Crón. 1:18, 24).

Sela-hama-lecot — peña o despeñadero de las divisiones (1 Sam. 23:28).

Selah — pausa; elevación (?) (Sal. 3:2).

Selec — grieta (2 Sam. 23:37).

Seled — exultación (1 Crón. 2:30).

Selef — extrayendo; sacando; sacado (Gén. 10:26).

Selemias — Jehová recompensa (1 Crón. 26:14).

Seles — triada; triple (1 Crón. 7:35).

Selomi — pacífico (Núm. 34:27).

Selomit — apacible; tranquilidad (Lev. 24:11).

Selomot — apacible; tranquilidad (1 Crón. 24:22).

Selsa — sombra del sol (1 Sam. 10:2).

Selumiel — amigo de Dios; paz de Dios (Núm. 1:6).

Sem — nombre; renombre (Gén. 5:32).

Sema — fama; rumor (Jos. 15:26).

Semaa — fama; rumor (1 Crón. 12:3).

Semaias — Jehová ha oído; Jehová oye (1 Rey. 12:22).

Semarias — (a quien) Jehová ha guardado; (a quien) Jehová guarda (1 Crón. 12:5).

Semeber — remontándose a lo alto (?) (Gén. 14:2).

Semed — destructor (?); guardián (?) (1 Crón. 8:12).

Semei — famoso (Luc. 3:26).

Semer — guardián (?) (1 Rey. 16:24).

Semida — renombre de sabiduría (Núm. 26:32).

Semiramot — nombre exaltado (1 Crón. 15:18).

Semuel — oído de Dios (Núm. 34:20).

Sen — diente (1 Sam. 7:12).

Senaa — espinoso (Esd. 2:35).

Senaquerib — Dios-luna ha aumentado (los) hermanos (2 Rey. 18:13).

Sene — espina (1 Sam. 14:4).

Senir — cumbre (?); cota de malla (?) (Deut. 3:9).

Senua — espinoso (Neh. 11:9).

Seorim — cebada (1 Crón. 24:8).

Sera — abundancia (Gén. 46:17).

Serafines — seres ardientes (Is. 6:2).

Seraias — soldado de Jehová (?) (2 Sam. 8:17).

Serebias — Jehová ha enviado (su) calor (Esd. 8:18).

Sered — temor (Gén. 46:14).

Sereda — fortaleza (?); refrescante (?) (1 Rey. 11:26).

Seres — raíz (1 Crón. 7:16).

Serug — rama; vástago (Gén. 11:20).

Sesai — blanquizco (Núm. 13:22).

Sesan — lirio (1 Crón. 2:31).

Sesbasar — adorador de fuego (?) (Esd. 1:8).

Set — sustituido; nombrado; sustición (Gén. 4:25).

Setar — estrella (Est. 1:14).

Setar-boznai — estrella de esplendor (Esd. 5:3).

Setur — escondido (Núm. 13:13).

Seva — vanidad (?) (2 Sam. 20:25).

Sevene — abertura (?) (Ez. 29:10).

Shibolet — espiga de maíz; arroyo (Jue. 12:6).

SHUR — muro (Gén. 16:7).
SIAHA — asamblea (Esd. 2:44).
SIBA — plantación (?) (2 Sam. 9:2).
SIBECAI — matorral (?); enredo (?) (2 Sam. 21:18).
SIBIA — gacela; corza (2 Rey. 12:1).
SIBMA — fragancia; bálsamo (Núm. 32:38).
SIBOLET — espiga de maíz; arroyo (Jue. 12:6).
SIBRAIM — esperanza (?); dos colinas (?) (Ez. 47:16).
SICAR — ebrio (Juan 4:5). falsedad (?)
SICRON — embriaguez (Jos. 15:11).
SIDIM — (1) llanuras (Gén. 14:3); (2) lados; costados
    (solamente en Jos. 19:35).
SIDON — pescando; pesquera (?) (Gén. 10:15).
SIFI — abundante (1 Crón. 4:37).
SIFMOT — lugares desnudos; lugares fructíferos (?)
    (1 Sam. 30:28).
SIFRA — hermosura (Ex. 1:15).
SIFTAN — juez; judicial (Núm. 34:24).
SIHON — ruina (Jos. 19:19).
SIHOR — negro; turbio (Jos. 13:3).
SILA — calzada (2 Rey. 12:20).
SILAS — selvático (Hch. 15:22).
SILEM — retribución; recompensa (Gén. 46:24).
SILHI — dardo (?); armado (?) (1 Rey. 22:42).
SILHIM — dardos (?); armados (?) (Jos. 15:32).
SILO — reposo; tranquilidad (Jos. 18:1).
SILOE — enviado (Neh. 3:15).
SILOH — reposo; tranquilidad (Gén. 49:10).
SILONI — morador en Silo (*reposo; tranquilidad*)
    (Neh. 11:5).
SILSA — tríada; triple (1 Crón. 7:37).
SILVANO — selvático (2 Crón. 1:19).
SIMEA — fama (2 Sam. 13:3).

Simeam — fama (1 Crón. 9:38).

Simeat — fama (2 Rey. 12:21).

Simei — famoso (Ex. 6:17).

Simeon — oyendo (Gén. 29:33).

Simon — (1) desierto (?) (1 Crón. 4:20); (2) oyendo
(en el nuevo testamento). (Mat. 4:18).

Simrat — vigilancia; vigilante (1 Crón. 8:21).

Simri — vigilante (1 Crón. 4:37).

Simrit — vigilante (2 Crón. 24:26).

Simron — vigilante (Gén. 46:13).

Simsai — asoleado (Esd. 4:8).

Sin (desierto de) — lodo (?) (Ex. 16:1).

Sinagoga — asamblea; congregación (Sal. 74:8).

Sinai — espinoso (?) (Ex. 16:1).

Sintique — afortunado (?) (Fil. 4:2).

Sior — pequeñez; insignificancia (Jos. 15:54).

Siquem — hombre (Gén. 12:6).

Sira — retirada; retroceso (2 Sam. 3:26).

Siria — tierra alta (?) (Jue. 3:10).

Sirion — cota de malla; coraza (Deut. 3:9).

Sis — una flor (?) (2 Crón. 20:16).

Sisa — resplandeciente (?) (1 Rey. 4:3).

Sisara — orden de batalla (?) (Jue. 4:2).

Sismai — distinguido; fragante (?) (1 Crón. 2:40).

Sitim — acacias (Núm. 25:1).

Sitna — enemistad (Gén. 26:21).

Sitrai — Jehová está arbitrando (?); oficial (?)
(1 Crón. 27:29).

Sitri — protección de Jehová (Ex. 6:22).

Soa — rico (Ez. 23:23).

Sobab — rebelde (2 Sam. 5:14).

Sobac — derramando (2 Sam. 10:16).

SOBAI — llevando cautivo (?); apresador (?)
(Esd. 2:42).

SOBAL — fluyendo (Gén. 36:20).

SOBEC — abandonando; abandonador (?) (Neh. 10:24).

SOBI — llevando cautivo; apresador (2 Sam. 17:27).

SOCO — vallado (de zarzas) (Jos. 15:35).

SODI — (consejo) secreto (?); confidente (?)
(Núm. 13:10).

SODOMA — lugar de abrasamiento (Gén. 10:19).

SOFAC — derramando (1 Crón. 19:16).

SOFERET — escriba (Esd. 2:55).

SOFONIAS — Jehová ha escondido; Jehová esconde
(2 Rey. 25:18).

SOHAM — ónice; berilo (1 Crón. 24:27).

SOMER — guarda; vigilante (2 Rey. 12:21).

SOPATER — el padre que salva (?); salvando a un padre
(?) (Hch. 20:4).

SOREC — viña escogida (Jue. 16:4).

SOSIPATER — el padre que salva (?); salvando a un padre
(?) (Rom. 16:21).

SOTAI — errante; el que desvía (Esd. 2:55).

SUA — (1) riquezas (en Gén. 38:2, 12; 1 Crón. 2:3 y
7:32); (2) hoyo; depresión (en Gén. 25:2; 1 Crón.
1:32 y 4:11); (3) basura; barrido (en 1 Crón. 7:36).

SUAL — chacal; zorra (1 Sam. 13:17).

SUBAEL — cautivo de Dios (1 Crón. 24:20).

SUCOT — cabañas; enramadas (Gén. 33:17).

SUCOT-BENOT — cabañas para las hijas (2 Rey. 17:30).

SUFAM — serpiente (Núm. 26:39).

SUHAM — depresión (?) (Núm. 26:42).

SULAMITA — pacífica; tranquila (Cant. 6:13).

SUNAMITA — morador de Sunem (*dos lugares de reposo*)
(1 Rey. 1:3).

Sunem — dos lugares de reposo (Jos. 19:18).

Suni — quieto (Gén. 46:16).

Supim — serpientes (1 Crón. 7:12).

Suquienos — moradores en cabañas o enramadas (2 Crón. 12:3).

Susa — lirio (Esd. 4:9).

Susana — lirio (Luc. 8:3).

Susi — jinete (Núm. 13:11).

Sutela — estallido (?) (Núm. 26:35).

T

TAANAT-SILO — acceso a Silo (*reposo*) (Jos. 16:6).

TABAOT — sortijas con sellos; anillos (Esd. 2:43).

TABEEL — Dios es bueno (Esd. 4:7).

TABERA — incendio (Núm. 11:3).

TABITA — gacela (Hch. 9:36).

TABOR — alto; altura (Jos. 19:22).

TABRIMON — Rimón (*granada*) es bueno (1 Rey. 15:18).

TADMOR — palmera (1 Rey. 9:18).

TAFAT — gota (1 Rey. 4:11).

TAHAN — campamento; sitio (Núm. 26:35).

TAHAS — tejón (?); animal acuático (?) (Gén. 22:24).

TALMAI — surcado; surco (Núm. 13:22).

TALMON — oprimido; opresor (1 Crón. 9:17).

TAMAR — palmera (Gén. 38:6).

TAMUZ — hijo de vida (?) (Ez. 8:14).

TANHUMET — consolación (2 Rey. 25:23).

TAPUA — manzana (Jos. 12:17).

TARA — sitio (?) (Núm. 33:27).

TARALA — tambaleándose (Jos. 18:27).

TARE — sitio (?) (Gén. 11:24).

TAREA — astuto; astucia (1 Crón. 8:35).

TATNAI — dádiva (Esd. 5:3).

TEBA — matanza (Gén. 22:24).

TEBALIAS — Jehová ha sumergido; Jehová ha purificado (1 Crón. 26:11).

TEBES — resplandor (Jue. 9:50).

TECOA — (sonido de) trompeta (2 Sam. 14:2).

TEHINA — gracia (1 Crón. 4:12).

Tel-abib — colina de maíz o grano (verde) (Ez. 3:15).

Tel-harsa — colina de bosque (Esd. 2:59).

Tel-mela — colina de sal (Esd. 2:59).

Telah — brecha (1 Crón. 7:25).

Telaim — corderos (1 Sam. 15:4).

Telem — opresión (Jos. 15:24).

Tema — (1) desierto (Gén. 25:15; (2) risa (en Esd. 2:53 y Neh. 7:55).

Teman — el sur (Gén. 36:11).

Temeni — afortunado (?) (1 Crón. 4:6).

Teofilo — amigo de Dios; amado de Dios (Luc. 1:3).

Terafin — nutridor (?) (Jue. 17:5).

Tercio — tercero (Rom. 16:22).

Teres — severo (Est. 2:21).

Tertulo — tercero (Hch. 24:1).

Tibhat — matanza (1 Crón. 18:8).

Tibni — (hombre de) paja (1 Rey. 16:21).

Ticva — esperanza (2 Rey. 22:14).

Tidal — temor (Gén. 14:1).

Tifsa — vado (1 Rey. 4:24).

Tilon — dádiva (?) (1 Crón. 4:20).

Timeo — inmundo (?) (Mar. 10:46).

Timna — refrenamiento (Gén. 36:12).

Timnat — porción asignada (Gén. 38:12).

Timnat-sera — porción del sol (Jos. 19:50).

Timon — ilustre; digno (Hch. 6:5).

Timoteo — honrando a Dios; adorando a Dios (Hch. 16:1).

Tiquico — afortunado (Hch. 20:4).

Tiranno — tirano (Hch. 19:9).

Tirias — temor (1 Crón. 4:16).

Tiro — roca (Jos. 19:29).

Tirsa — deleite (Núm. 26:33).

TOA — humildad; depresión (1 Crón. 6:34).

TOB — bueno (Jue. 11:3).

TOB-ADONIAS — el Señor Jehová es bueno (2 Crón. 17:8).

TOBIAS — Jehová es bueno (2 Crón. 17:8).

TOFEL — almirez (?) (Deut. 1:1).

TOHU — humildad; depresión (1 Sam. 1:1).

TOI — error; errante (2 Sam. 8:9).

TOLA — gusano (carmesí) (Gén. 46:13).

TOMAS — gemelo (Mat. 10:3).

TOQUEN — medida; peso (1 Crón. 4:32).

TRACONITE — áspero (Luc. 3:1).

TRIFENA — lujosa (?); delicada (?) (Rom. 16:12).

TRIFOSA — delicada (Rom. 16:12).

TROFIMO — nutritivo (Hch. 20:4).

TUMIM — perfecciones (Ex. 28:30).

U

Ucal — consumido (?) (Prov. 30:1).
Uel — voluntad de Dios (Esd. 10:34).
Ula — yugo (1 Crón. 7:39).
Ulam — solitario (?) (1 Crón. 7:16).
Uma — asociación; unión (Jos. 19:30).
Uni — deprimido; afligido (1 Crón. 15:18).
Ur — luz (Gén. 11:28).
Urbano — urbano; cortés (?) (Rom. 16:9).
Uri — ardiente; iluminado (Ex. 31:2).
Urias — llama (DE FUEGO) de Jehová; luz de Jehová
    (2 Sam. 11:3).
Uriel — llama (DE FUEGO) de Dios; luz de Dios
    (1 Crón. 6:24).
Urim — luces (Ex. 28:30).
Utai — útil; Jehová da socorro (1 Crón. 9:4).
Uza — fuerza (2 Sam. 6:3).
Uzai — fuerte (?); esperado (?) (Neh. 3:25).
Uzal — errante (Gén. 10:27).
Uzi — fuerza (1 Crón. 6:5).
Uzias — fuerza de Jehová (2 Rey. 15:13).
Uziel — fuerza de Dios (Ex. 6:18).

V

Vapsi — adicional (?) (Núm. 13:14).
Vasni — fuerte (?) (1 Crón. 6:28).
Vasti — hermosa (Est. 1:9).

Z

ZAANAIM — viajes; salidas (Jue. 4:11).

ZAANAN — Lugar de rebaños; rico en rebaños (Miq. 1:11).

ZAAVAN — inquieto (Gén. 36:27).

ZABAD — dador; (él) ha dotado (1 Crón. 2:36).

ZABAI — puro (Esd. 10:28).

ZABDI — dádiva de Jehová (Jos. 7:1).

ZABDIEL — dádiva de Dios (1 Crón. 27:2).

ZABUD — dotado (1 Rey. 4:5).

ZABULON — morada (Gén. 30:20).

ZACAI — puro (Esd. 2:9).

ZACARIAS — Jehová se acuerda; Jehová se ha acordado (2 Rey. 14:29).

ZACUR — atento; cuidadoso (Núm. 13:4).

ZAFNAT-PANEA — el que revela secretos; mantenedor de vida (Gén. 41:45).

ZAFON — norte (Jos. 13:27).

ZAHAM — repugnancia (2 Crón. 11:19).

ZAIR — pequeño (2 Rey. 8:21).

ZALMONA — sombreado (Núm. 33:41).

ZALMUNA — sombra negada (Jue. 8:5).

ZANOA — pantano (Jos. 15:34).

ZAQUEO — puro (Luc. 19:2).

ZARA — alba (Gén. 38:30).

ZARET-SAHAR — resplandor del alba (Jos. 13:19).

ZATU — renuevo (?) (Esd. 2:8).

ZAZA — abundancia; proyección (?) (1 Crón. 2:33).

ZEBA — sacrificio (Jue. 8:5).

ZEBADIAS — Jehová ha dado; Jehová ha dotado (1 Crón. 8:15).

ZEBEDEO — Jehová ha dotado; Jehová ha dado (Mat. 4:21).

ZEBINA — comprado; adquirido (Esd. 10:43).

ZEBOIM — gacelas; hienas (Gén. 10:19).

ZEBUDA — dotada; dada (2 Rey. 23:36).

ZEBUL — morada (Jue. 9:28).

ZEDAD — costado (?) (Núm. 34:8).

ZEEB — lobo (Jue. 7:25).

ZEFO — vigilancia; atalaya (Gén. 36:11).

ZEFON — el acto de vigilar u observar (Núm. 26:15).

ZELA — costado (Jos. 18:28).

ZELOFEHAD — primogénito (?) (Núm. 26:33).

ZELOTE — entusiasta; fanático (Luc. 6:15).

ZEMARAIM — doble vellón (Jos. 18:22).

ZEMIRA — canción; música (1 Crón. 7:8).

ZENAN — (lugar de) rebaños (Jos. 15:37).

ZEQUER — recuerdo; memorial (1 Crón. 8:31).

ZER — roca; pedernal (Jos. 19:35).

ZERA — alba; alborada (Gén. 36:13).

ZERAIAS — Jehová ha aparecido; Jehová se ha levantado (1 Crón. 6:6).

ZERED — crecimiento exuberante (Núm. 21:12).

ZERES — oro (Est. 5:10).

ZERET — esplendor; resplandor (1 Crón. 4:7).

ZERI — bálsamo (?) (1 Crón. 25:3).

ZEROR — bulto; atado (1 Sam. 9:1).

ZERUA — leprosa (1 Rey. 11:26).

ZETAM — olivo (1 Crón. 23:8).

ZETAN — olivo (1 Crón. 7:10).

ZIA — movimiento; miedo (?) (1 Crón. 5:13).

ZIBEON — teñido; colorado (Gén. 36:2).

ZICRI — famoso (Ex. 6:21).

ZIF — (1) derrame; flujo (Jos. 15:24); (2) en flor; floreciendo (en 1 Rey. 6:1, 37).

ZIFA — derrame; flujo (?) (1 Crón. 4:16).

ZIFION — el acto de observar; vigilar (Gén. 46:16).

ZIFRON — fragancia (Núm. 34:9).

ZIHA — sequía (Esd. 2:43).

ZILA — sombra (Gén. 4:19).

ZILETAI — sombreado; sombra (1 Crón. 8:20).

ZILPA — acción de gotear; gota (Gén. 29:24).

ZIMA — daño; travesura; consejo (?); propósito (?) (1 Crón. 6:20)

ZIMRAM — famoso; celebrado (en canción) (Gén. 25:2).

ZIMRI — famoso; celebrado (en canción) (Núm. 25:14).

ZINA — abundancia (1 Crón. 23:10).

ZIPOR — pájaro; gorrión (Núm. 22:2).

ZIZA — abundancia (1 Crón. 4:37).

ZOAR — pequeñez; pequeño (Gén. 13:10).

ZOBEBA — movimiento lento (1 Crón. 4:8).

ZOFA — redoma; frasco (1 Crón. 7:35).

ZOFAI — panal de miel (1 Crón. 6:26).

ZOFIM — vigilantes; veladores (Núm. 23:14).

ZOHAR — blancura (Gén. 23:8).

ZOHELET — serpiente (1 Rey. 1:9).

ZOHET — fuerte (1 Crón. 4:20).

ZORA — avispón (Jos. 15:33).

ZOROBABEL — nacido en Babilonia (confusión); esparcido en Babilonia (1 Crón. 3:19).

ZUAR — pequeñez; pequeño (Núm. 1:8).

ZUF — panal de miel (1 Sam. 1:1).

ZUR — roca (Núm. 25:15).

ZURIEL — Dios es roca; roca de Dios (Núm. 3:35).

ZURISADAI — mi roca es el Todopoderoso (Núm. 1:6).